Richard Rohr

Die Reise nach Assisi

Gemeinschaft der Verwundeten
Erfahrungen mit der radikalen Mystik
des Franz von Assisi

Zusammengestellt und herausgegeben
von Marion Küstenmacher

Claudius Verlag

Die Deutsche Bibliothek – CIP-Einheitsaufnahme

Die **Reise nach Assisi**: Gemeinschaft der Verwundeten;
Erfahrungen mit der radikalen Mystik des Franz von Assisi/
Richard Rohr. Hrsg. von Marion Küstenmacher. –
München: Claudius-Verl., 1993

ISBN 3-532-62148-7

NE: Rohr, Richard; Küstenmacher, Marion (Hrsg.)

Umschlaggestaltung: Werner Richter,
unter Verwendung eines Fotos von Wulf Ligges
Gestaltung: Dorothee Bauer
Gesetzt aus der Bembo von Linotype
Druck: Druckerei G.J. Manz AG, München/Dillingen

ISBN 3-532-62148-7

Gemeinschaft der Verwundeten

Die Reise nach Assisi war keine Traumreise, auch wenn manche lange davon geträumt haben, einmal eine solche Reise miterleben zu dürfen. Diese Reise nach Assisi war eher anstrengend, fordernd, eine Reise in die Wirklichkeit, eine Reise ins Sehenlernen. So umfassend, daß sie bis in unsere Träume hineinragte und unser Innerstes aufbrach.
Noch heute, genau ein Jahr später, ist in mir die Assisi-Erfahrung elementar lebendig, die lärmende Stadt im Frühlingsglanz von Bruder Sonne, das Gewitter auf den Felsen von La Verna, unser klösterliches Pilgerhaus an dem Platz, wo Franziskus sich seiner Kleider entledigte, die verletzte Steineiche, die tote Schlange, die freundlichen Hunde in den Wäldern von Carceri... Sie sind lebendig in mir, genau wie das gemeinsame Lachen und Weinen, Schweigen und Erzählen, Essen und Wandern durch Assisi mit den anderen Reiseteilnehmern, das ich als Geschenk empfunden habe.
Lebendig ist in mir Richard Rohr, unser franziskanischer Lehrer und Vater.
Ein König, der nicht sieht, daß er nur der unterste Diener seines Volkes ist, ist kein König. Ein spiritueller Lehrer, der nicht sieht, daß er nur der erfahrenste Sünder in der Gruppe ist, ist kein spiritueller Lehrer.
Richard Rohr ist gewiß einer der großen spirituellen Lehrer, die wir haben: Ein Mann, der jedesmal, wenn ich ihm wieder begegne, noch bescheidener, noch kleiner geworden ist. Ein Meister des Loslassens, ein unendlich geduldiger, lernbereiter Schüler der Demut. Ein Mann vom Archetyp »König« in der arm-seligen Nachfolge des kleinen Franz von Assisi.
Irgendwann in Assisi sind mir bei Richards Worten die Augen aufgegangen. »Heilig sein meint nicht, wie fromm man ist, sondern wie verbunden man mit allem ist.« Assisi war auch für ihn eine Vertiefung seiner eigenen Reise in franziskanische Armut. Unsere defekten Verbindungen und Blockaden, unser religiöses Wissen, unsere Übersetzungsschwierigkeiten, unsere Angst vor dem Loslassen, unsere Sucht nach Liebe, unser Verlangen nach großen Gefühlen, unsere Ichbezogenheit - all das hat oft dazu geführt, daß wir nicht einander dienten, sondern uns nur um uns selbst sorgten. Ohne es zu wollen, haben wir damit Richards Einsamkeit vergrößert. Plötzlich verstand ich den unendlichen Schmerz in der Klage von Franziskus: »Der Herr wird nicht geliebt! Der Herr wird nicht geliebt!« Es ist die Klage eines Sehenden unter lauter Blinden. Das Geheimnis des Heiligen ist, trotzdem und gerade darin mit den Blinden, den Kranken, den Süchtigen, den Stolzen, den Besserwissern, den Zweiflern verbunden zu sein, ihren tiefsten Schmerz zu teilen, mitzuleiden an ihrer Blindheit, verwundet zu sein von ihren Wunden.
In Assisi war Richard Rohr der Verwundetste von uns allen.

Bisweilen hat er uns alle fast wie ein Christophorus getragen. Mit seinen Worten, mit seiner Liebe. Je länger wir in Assisi waren und je mehr von uns ihre Verletzungen zu zeigen wagten, desto schwerer wurden wir. Wir waren ein Haufen Verwundeter, die den Weg zur Gemeinschaft nicht geschafft hätten, wären wir nicht so getragen worden. Unsere Eucharistiefeier in der Krypta von Santa Maria degli Angeli war der Zielort unserer inneren Reise. Das Geheimnis des gemeinsamen Mahles hat uns verwandelt. Hier waren wir keine Esoteriker mehr oder Katholiken, wir waren nicht mehr Therapeuten oder Suchtkranke, nicht mehr Pfarrerinnen oder aus der Kirche Ausgetretene, nicht mehr verlassene Eltern oder Kinder, nicht mehr ungeliebte Männer oder Frauen. Wir waren eine Gemeinschaft der Verwundeten, gekreuzigt im Gegensatz, geheiligt allein aus Gnade. Wir standen in der unmittelbaren Gegenwart des gekreuzigten Körpers Christi und waren selbst dieser gekreuzite, leidende Körper. Zweierlei floß hier zusammen. Der tiefe Schmerz des Franziskus: Der Herr wird nicht geliebt! - und die Antwort vom Kreuz: Der Herr liebt! Jenseits von irgendwelchen religiösen Gefühlen hat uns Gnade umspült, reine, ungefilterte Liebe. Im Nachhinein kann ich sagen: Was ich da erleben durfte, war eine radikal mystische Erfahrung. Mystische Erfahrungen lassen sich nicht leicht zwischen zwei Buchdeckel pressen. Sie sprengen immer den Rahmen.

Trotzdem haben wir versucht, daraus ein Buch zu machen, eine Art Reiseführer, den man wohl dann immer besser verstehen lernt, wenn man zwischen den Zeilen das Unsagbare zu lesen beginnt. Die Texte und Bilder dieses Buches spiegeln den Prozeß, auf den wir uns beim Hören auf Richards Vorträge einlassen konnten. So stehen erstmals neben seinem Text (mittlere Spalte) auch unsere Erfahrungen, Gedanken, Träume, Gebete und Reflexionen (schmale Randspalten; kursive Schrift). Es ist ein Experiment, geboren aus dem Wunsch, auch andere zu dieser Pilgerreise einzuladen, die vor allem eine Pilgerreise des Herzens ist.

Dieses Buch spiegelt natürlich auch nur einen Teil dieser Reise vom Mai 1992 und vieles Schöne, Wichtige, so manche Zeichnung und Erinnerung konnte aus Platzgründen nicht aufgenommen werden. Allein die lebendigen kunsthistorischen Führungen von Eva-Maria Fischer durch Assisi hätten ein eigenes Buch gefüllt. Danke dafür!

Besonders danken möchte ich Glory Bossoni, Ines Grämiger und Werner Binder von SEBIL, einem spirituellen Zentrum in Zürich, die den Mut und den Glauben hatten, diese Reise zu planen und zu organisieren, nachdem eine Taube sie besucht hatte... Sie gaben den Anstoß zu diesem Buch und haben mich beim Zusammentragen der Beiträge sehr unterstützt.

Mein herzlicher Dank gilt auch Bruno Lechmann, der so liebenswürdig war, Richards Vorträge auf Tonband aufzunehmen, und Thomas Buchter, der die Texte ins Deutsche übersetzte und dabei erfolgreich um die richtigen Formulierungen rang. Von Marliese Weigum stammen die meisten Photos in diesem Band, auch eine Kamera kann manchmal Augen öffnen.

Meine inspirierendste Gesprächspartnerin in Assisi war Gisela Ermann, die mich immer wieder in leidenschaftliche Dialoge über Franziskus hineinzog und mich bei der »Webarbeit« an diesem Buch mit ihrer humorvollen Liebe begleitete. Ihr sage ich hier, stellvertretend für alle Assisireisenden, meinen Dank - gleich, ob sie jemals in der Geburtsstadt des Poverello waren, oder ob sie Assisi in ihren Herzen gefunden haben.

Marion Küstenmacher
Christi Himmelfahrt 1993

Die Taube, die uns nach Assisi führte

Es war am Johannistag, dem 24. Juni 1989, an einem warmen Abend, als fünf Menschen zusammensaßen, die sich seit 18 Jahren regelmäßig als Gruppe versammelten, um sich gegenseitig im Leben zu begleiten und auszutauschen, wo sie zu

innerst standen. An diesem Abend wurden wir von einer Taube besucht, die uns als Gruppe, aber auch jedem einzelnen von uns eine Botschaft brachte...
An diesem Abend waren wir bewegt von verschiedenen Gefühlen und befanden uns an ganz verschiedenen Punkten in unserem Leben. Uns allen gemeinsam aber war die Frage nach der spirituellen Öffnung, dem Weg und der Zugehörigkeit zum Göttlichen.
Theres drückte ihre Trauer und ihren Schmerz aus, die sie angesichts der vielen Menschen empfand, für die der Tod das absolute Ende bedeutete. Sie hatte auch das Gefühl, noch nicht zu denen zu gehören, die den spirituellen Weg aktiv und mit einem Versprechen gehen.
Lea beschäftigte sich mit der Integration der nicht-christlichen Kultur und Religion ihres Partners, ihrem inneren Zwiespalt und Zweifel, der Suche nach Verbindung und der Frage nach dem unverwechselbar eigenen Ort.
Alexander erfuhr die wohltuende Wirkung der freien Gestaltung seines Alltags, der Freiwilligkeit seiner Entschlüße, aber auch das Fließenlassenkönnen der Dinge, ohne das Ende zu kennen.
Werner war ruhig und gesammelt. Er blickte zurück auf zwölf Monate erfüllender Arbeit im SEBIL, einem spirituellen Zentrum in Zürich, das er gemeinsam mit Freunden ein Jahr zuvor gegründet hatte.
Ines hatte nach der Trennung von ihrem Sufi-Meister eine Phase von Schmerz durchlebt, gefolgt von dem Gefühl absoluter Nichtigkeit, Leere und Angst, aus der spirituellen Gemeinschaft der Sufis herausgefallen zu sein. Jemand hatte ihr darauf geantwortet, daß es für sie wohl Zeit sei, den vertikalen Weg, die direkte Verbindung mit Gott, einzuschlagen, statt den horizontalen Weg zu gehen, wo viele einem Meister folgen. Dabei würde sie viele neue Lehrer, nicht nur einen, nicht nur menschliche, als Hilfe erhalten. Sie müsse aber sehr wachsam sein, diese Lehrer auch zu erkennen, und sich von ihnen führen zu lassen. Es könnten zum Beispiel auch Tiere sein! Und so war sie an jenem Tag wieder hoffnungsvoll, sogar neugierig auf neue Zeichen und das Abenteuer des spirituellen Weges, den sie nun alleine ging.

Nach langen Gesprächen saßen wir alle beim Abendessen am gedeckten Tisch, als Ines gerade davon sprach, daß auch Tiere spirituelle Lehrer sein könnten...
In diesem Augenblick kam von der geschlossenen Balkontür her ein seltsamer Laut, ein unerklärliches, schwer einzuordnendes Gurren. Lea stand auf und öffnete die Tür, sah aber nichts. Kaum hatte sie die Tür wieder geschlossen, begann das Gurren erneut, intensiver, dringlicher.
Auf das zweite Öffnen hin kam mit wildem Flügelschlag eine graublaue Taube über Leas Kopf ins Zimmer geschossen. Sie krallte sich zitternd am schmalen Bord der Wandtäfelung fest und rutschte dabei immer wieder ab. Ines erkannte sofort den vorausgesagten Boten und sprach beruhi-

gend auf die Taube ein: »Komm nur herein. Du brauchst keine Angst zu haben, wir tun dir nichts. Du kannst ruhig bei uns bleiben.« Sie streckte der Taube ihren linken Zeigefinger entgegen. Da aber flog die Taube auf ihren Kopf und versuchte sich dort - ängstlich und unsicher rutschend -festzuhalten. Schweigen und Staunen füllten den Raum. Die Atmosphäre war die versammelter Jüngerschaft, von Abendmahl und Pfingsten, der Heilige Geist als Taube. Allmählich schwand die Angst der Taube. Ruhig saß sie da. Später flog sie weiter, von Kopf zu Kopf, ließ keinen aus und machte so zweimal die Runde während des Abendessens, das mehr als zwei Stunden dauerte. Immer trug einer die Taube auf dem Kopf, während er aß, königlich gekrönt... Bei Werner, der sich mit der übernatürlichen Triade der Kabbala beschäftigt hatte, schritt sie gar das Dreieck ab vom Kopf zur linken und rechten Schulter und wieder zurück. Danach wollte er die Taube entlassen, ging mit ihr auf den Balkon hinaus, sich ganz der Unglaublichkeit der Situation bewußt, wie er da ging mit der Taube auf dem Kopf. Die Taube aber flog nicht ins Freie, sondern zurück ins Zimmer und setzte sich auf den Kopf von Theres, die nichts sehnlicher gewünscht hatte, als daß die Taube zurückkehren möge.

Nie ließ die Taube sich dazu verführen, von den angebotenen Brosamen zu essen. Sie blieb auf den Köpfen, bis alle aufbrechen mußten. Da erst setzte sie sich auf den Tisch - während alle um sie herumstanden, sich verabschiedeten, sie streichelten - was sie ganz offensichtlich genoß. Heiter, fröhlich und feierlich war dieser Abschied. Die Taube ist nie wieder gekommen. Und es gab nie wieder Tauben in dieser Gegend.

Wie haben wir diese Begegnung empfunden? Bei Ines war es das sofortige Verstehen und die fast schockartige Erkenntnis angesichts der Taube: Das ist es! Das ist der Bote, das erwartete Zeichen, die Erfüllung der Voraussage! Ich bin hellwach, ich verstehe, ohne zu verstehen, ich erkenne... Gleichzeitig war da aber auch das Wissen, daß die Taube entgegen ihrer instinktiven Angst einen Auftrag erfüllte.
Theres erschrak zuerst über das Flügelschlagen, das sie hörte, und traute sich nicht, sich umzudrehen, da sie mit dem Rücken zur Balkontür saß. Später befürchtete sie, die Taube könne jemanden aus dem Kreis ausschließen. Als die Taube dann auf ihrem Kopf saß, schienen die Krallen ihn zu öffnen, durchlässiger zu machen. Theres erlebte an diesem Abend ein Gefühl tiefer Verbundenheit und Dazugehörigkeit, das sie ihr Leben lang gesucht und das ihr die Taube nun geschenkt hatte.

Alexander fühlte vorerst einen merkwürdigen Druck im Magen. Das Essen ging nicht mehr hinunter und er hatte den Eindruck, daß sich etwas in ihm veränderte durch das Kribbeln und Prickeln, das die Krallen auf seiner Kopfhaut hinterließen.

Lea spürte anfangs einen Reflex, der »armen, verirrten« Taube hinaushelfen zu müssen. Sie empfand Mitleid mit ihr, beobachtete dann aber den ganz anderen Verlauf fasziniert und verblüfft, empfand sich einerseits mittendrin und betroffen, andererseits außenstehend. Ein Zwiespalt zwischen dem völligen Hiersein und der Angst tat sich in ihr auf, dieses Erlebnis nicht integrieren zu können mit der ganz anderen Welt, aus der auch ihr Partner an diesem Abend zurückkehren würde.

Werner erkannte schlagartig, daß die Taube kam, um eine Botschaft zu bringen. Er ahnte sogar, daß ihr Ziel unsere Köpfe waren. So versuchte er sich zu sammeln und vorzubereiten und erlebte die tiefe Bedeutsamkeit des Augenblicks erregt und ruhig zugleich. Er verstand, daß uns etwas von großer Kraft gegeben wurde, das auf die Welt kommen wollte durch uns. Und er nahm die Verantwortung wahr, als die scheinbar glühenden Krallen heiß wie Feuer in seinen Kopf eindrangen.

Gemeinsam erlebten wir alle eine tiefe Erschütterung und Ergriffenheit, ein Beteiligtwerden am heiligen Ritual von Pfingsten und Abendmahl. Gefühle von tiefem Glück, Gesegnetwerden und Dankbarkeit waren da. Und der Eindruck, ein Wunder im Alltag gemeinsam erlebt zu haben, etwas, das es eigentlich gar nicht geben konnte. Und wir dachten auch an Franziskus von Assisi, der oft mit einer Taube auf dem Kopf abgebildet wird...

Zwei Jahre später trafen wir uns alle wieder, um die Taubengeschichte gemeinsam niederzuschreiben und um uns darüber auszutauschen, was dieses Erlebnis alles bewirkt hatte. Wir merkten, daß es jeden von uns ganz persönlich an seinem eigenen Punkt getroffen und uns geholfen hatte, dort weiterzukommen und Tiefe zu gewinnen, wo wir gerade standen.
Theres berichtete von der Heilung ihrer Wunde - dem fünfzig Jahre währenden Gefühl, draußen zu sein. Es war einem tiefen Wissen um ihre Zugehörigkeit gewichen.
Bei Lea war der Zwiespalt, ihre Frage »Wo gehöre ich hin?« noch dringlicher geworden.
Bei Alexander verstärkte das Erlebnis sein Thema, in Freiwilligkeit zu handeln, Entschlüsse zu fassen und sie durchzuführen - genau wie die Taube ihren Auftrag übernommen und ausgeführt hatte, gegen die eigene Angst. Seine Offenheit für alles, auch für Tod und Krankheit, hatte sich vergrößert und immer mehr zu der Haltung geführt, nichts und doch alles zu erwarten.
Für Werner war es eine Bekräftigung, als Träger von SEBIL, dort seine Überzeugungen umzusetzen, das Unmögliche zu glauben und zu wagen, dabei aber noch viel mehr geschehen zu lassen, als selber zu gestalten. Es war eine Ermunterung in einer hoffnungslosen Welt. Auch seine Auseinandersetzung mit dem Thema Frieden, für den die Taube das Symbol ist, hatte sich vertieft und das Bild in ihm verstärkt, daß wir selbst auch eine innere Tür öffnen müssen, um den Frieden einzulassen.
Für Ines bestätigte das Erlebnis ein Wort aus dem Koran: »Gott setzt Zeichen«. Es löste ihr Staunen aus über die Konkretheit, aber auch den verblüffenden und skurillen Humor - als wäre es eine Begegnung gewesen mit der humorvollen Seite Gottes, nicht nur seiner ernsthaften Seite. Sie sah darin den Beweis für Geleitet- und Geführtwerden. Wichtig war ihr auch die Verbindung zwischen Christentum und Sufismus, die sich durch die Taube ankündigte. Der Sufi Haci Bektasi, der einst in eine Taube verwandelt worden sein soll, verband die Taube mit Franziskus von Assisi, dem Christen. Ines stieß bald darauf auch auf eine Aussage von Reshad Feild, der eine tiefe wesensmäßige Verbindung zwischen Mevlana Rumi, einem bekannten Sufidichter aus Konya, und Franz von Assisi, aber auch Niklaus von Flüe sah, gleichsam eine gemeinsame Essenz des Wesens.
Dieser Linie wollte Ines aufmerksamer folgen. Das Erlebnis hatte ihre Aufmerksamkeit für Zeichen noch erhöht, aber auch die Überzeugung, daß ein Auftrag bestünde, nach Assisi zu pilgern. Aber mit wem und wann mussten wir wohl gehen?
Dann begegneten wir Richard Rohr, dem Franziskaner. In diesem Moment geschah die Verdichtung des Zeichens, kam die Antwort auf unsere Frage: Wir mußten mit Richard nach Assisi fahren. Als er die Geschichte mit der Taube hörte, sagte er spontan zu. Und er äußerte den Wunsch, in der Schweiz noch jemanden zu besuchen: Niklaus von Flüe. Und so begann unsere Reise nach Assisi in Flüeli-Ranft bei Niklaus von Flüe und verband so die beiden großen Propheten miteinander.
Fast genau drei Jahre nach dem Besuch der Taube fuhren wir nach Assisi, vier aus der »Taubengruppe«, begleitet von 45 Mitpilgern und Richard Rohr...

Ines

Herr, nimm von mir,
was mich hinderet zu dir

Hier in der Kapelle des Niklaus von Flüe wird uns klar, daß Heilige wie er oder Franz von Assisi ein Schock für uns Menschen von heute sind. Franziskus wirft ein Vermögen, eine Karriere und die Achtung seines Vaters weg, um die Armut zu leben und zu lieben. Niklaus von Flüe verläßt seine Frau und seine zehn Kinder, als sein jüngster Sohn gerade ein paar Monate alt ist und wird Einsiedler! Beide haben die spirituelle Frage an die erste Stelle gesetzt und die Dinge der Welt an die zweite. Wir machen es genau umgekehrt. Wir glauben einfach nicht, daß die weltlichen Fragen nicht immer an erster Stelle kommen. Propheten wie Niklaus von Flüe und Franziskus machen uns das schlagartig klar - das schmerzt uns, das ist ein Schock für uns. Niklaus ist sicher eine große archetypische Figur des christlichen Westens: als Verheirateter *und* als Zölibatärer, als Politiker *und* als Mystiker. Er ging aus der Welt, aber nicht weit weg: »über den Berg«. Und das sehen wir bei den wirklichen Heiligen: Sie distanzieren sich von der Welt, sie gehen in die Einsamkeit - aber die Welt kommt zu ihnen!

Unser Problem ist, daß wir aus *spirituellen* Leuten *religiöse* Leute machen. Das hat auch die Führung in seinem Wohnhaus gezeigt: Aus dem radikalen Mystiker Niklaus von Flüe wurde ein Schweizer Nationalheiliger, der ins demokratisch-unabhängige Bild paßt, weil er sich für nationale Belange engagiert. Kein Wort darüber, daß man ihn aus der Armee entfernt hatte, weil er für die Landesfeinde gebetet und ihre Wunden versorgt hatte! Warum reduzieren wir ihn auf diesen religiösen Aspekt? Weil es *uns* so schwer fällt, die spirituelle Welt zu verstehen. Wir sind die Opfer unseres eigenen Dualismus: Geist ist gut, Körper ist schlecht. Dahinter steht ein falsches Bild vom Heiligen. Heiligkeit zeigt sich nicht darin, wie asketisch man lebt, sondern, wie verbunden man mit allem ist. Gott lieben heißt, mit allen verbunden sein, ganz mit allen sein. Wenn Heiligkeit echte Heiligkeit ist, muß sie am Positiven und nicht am Negativen geschult werden. Gesunde Spiritualität heißt nicht, den Körper zu hassen, sondern ihn zu inte-

Es ist sympathisch, daß der einzige schweizerische Mystiker von Gottes Gnaden unorthodoxe Urvisionen hatte und unbeirrten Auges in die Tiefen jener göttlichen Seele blicken durfte, welche alle, durch Dogmatik getrennten Konfessionen der Menschheit noch in einem symbolischen Archetypus vereinigt enthält.

C. G. Jung

Melodie © Markus Weyermann
Text nach dem Gebet des Niklaus von Flüe

grieren. Es braucht lang in unserem Leben, bis wir Körper, Geist und Seele integriert und versöhnt haben. Auch Heilige müssen das lernen. Franziskus wußte am Ende seines Lebens, daß er zu seinem »Bruder Esel«, wie er seinen Leib nannte, viel zu hart gewesen war. Das hat er tief bereut.

Aber weder Franziskus noch Niklaus haben darauf verzichtet, ihren Körper auf ihrem spirituellen Weg auszugrenzen. Sie haben im Gegenteil sehr radikale geistliche Erfahrungen an und mit ihrem Körper gemacht: Niklaus brauchte nach seiner großen Lichtvision bis an sein Lebensende nichts mehr zu essen, Franziskus erlebte, daß sich die Wunden Christi an seinem Körper zeigten. Sie haben Geist und Körper nicht getrennt. Ich fürchte, das ist typisch für Religion, diese Trennung. Spiritualität dagegen hält beides zusammen. Religion wählt immer einen *Teil* der Wahrheit und gibt den für die ganze Wahrheit aus. So verpaßt man aber die ganze Wahrheit!

Unsere Hoffnung für diese Reise ist darum, daß wir in diesen Tagen einüben und lernen, diese beiden Teile in unserem Leben zusammenzuhalten, so wie es bei Nikolaus von Flüe und bei Franziskus der Fall war. Auch wenn wir gemeinsam als Gruppe unterwegs sind, wollen wir uns doch auch jede und jeder für sich fragen, was unser tiefster innerster Wunsch ist auf dieser Reise. Und wir wollen uns fragen, was diesem innersten Wunsch entgegensteht. Wir wollen uns darum Zeit nehmen, um allein zu sein und nach innen zu hören und zu schauen und uns auf diese tiefere Ebene in uns einzulassen.

Die schönste Dame, die je gesehen wurde

Wir wissen nicht genau, ob der kleine Francesco Bernardone 1181 oder 1182 in Assisi geboren wurde. Aber wir wissen aus seiner Kindheit, daß er Spaß und Spiel liebte und wie ein junger Edelmann erzogen wurde. Sein Vater war ein reicher Tuchhändler in Assisi und konnte als Mitglied der feudalen Gesellschaft seinem Sohn eine glänzende Karriere als Ritter und Edelmann bieten. Als junger Mann war Franziskus oft der »König der Feste« und der Mittelpunkt bei jeder Feier, auf der die jungen Leute von Assisi ausgelassen tafelten und sangen und tanzten. Schon für den jungen Franz paßt also der Name, den Dante ihm gab: »Sonne von Assisi«. Franziskus ist der Heilige der SIEBEN im Enneagramm. Die SIEBEN hat die Sünde der Unmäßigkeit und die Gabe der Freude. Die Freude bei Franziskus überwiegt, sie bricht bei allem durch. Von Anfang an ist er der liebenswürdige Troubadour und gewiß kein düsterer Asket. Er war ein leidenschaftlicher Italiener, der das Schöne aus tiefstem Herzen liebte. Die SIEBEN übertreibt alles: Freude, Spaß, Spiel. Franziskus übertrieb sogar das Almosengeben. Immer wieder gab er das Geld seines Vaters so großzügig aus, daß man ihn einen Verschwender nannte. Er lebte auf großem Fuß und trug Kleider, als wäre er der Sohn eines Fürsten.

Eines Tages wählten ihn seine Freunde zum Anführer, der ein Fest auszurichten habe. Er ließ also, wie schon oft, ein üppiges Festmahl zubereiten. Nach dem Essen gingen sie ins Freie. Seine Freunde liefen ihm voraus und so zogen sie singend durch die Stadt. Franziskus trug als »König« einen Stab in der Hand hinter ihnen her. Er sang nicht, sondern war tief nachdenklich.
Da spürte er plötzlich die Gegenwart Gottes und so viel Glück in seinem Herzen, daß er weder sprechen, noch sich von der Stelle rühren konnte. Er nahm nichts mehr um sich herum wahr, so groß war dieses Glück. Es hatte ihm jede körperliche Empfindung geraubt und er sprach später davon, daß er sich nicht von der Stellen hätte rühren können, selbst wenn man ihn in Stücke gehauen hätte.
Als seine Freunde merkten, daß Franziskus weit hinter ihnen zurückgeblieben war, kehrten sie um und packten ihn erschrocken beim Arm. Er wirkte wie verwandelt. Einer fragte: »Was ist los? Woran hast du gedacht, als du stehengeblieben bist? Vielleicht an eine Frau? Willst du heiraten?« Franziskus antwortete begeistert: »Ja, das stimmt. Ich habe daran gedacht, mir eine Braut zu nehmen, die adeliger und reicher und schöner ist, als ihr je eine gesehen habt.« Da lachten sie ihn aus. (Dreigefährtenlegende 7-8)

In Assisi lebten zu dieser Zeit die Majores und die Minores - die »Oberen Zehntausend«, wie man sagt, und die Unterschicht. Natürlich wollten alle zur Oberschicht gehören - Franziskus hat in seinem spirituellen Prozeß das Ganze auf den Kopf gestellt: Er wurde ein frater minor, ein minderer Bruder. Er hat den Weg der Welt umgedreht, seine Spiritualität ist ein Gegenprogramm zu den Zielen der herrschenden Gesellschaft und führt nach unten. Während alle jungen Männer Liebesaffären suchten und sich der höfischen Minne, einer zum Ideal hochstilisierten Dame, verschrieben, beschloß Franziskus, sich eine andere, schönere Braut zu suchen, der er seine ritterliche Liebe schenken konnte: Die Dame

Unterwegs nach Assisi im Bus. Franziskanische Gesänge und Schweigen wechseln sich mit persönlichen Gesprächen über den Sinn dieser Pilgerreise ab. Bei der Vorstellung zeigt sich: Alle erhoffen sich, in irgendeiner Weise auf dieser Reise von Gott geführt und geleitet zu werden.
Plötzlich nehme ich den üblen Geruch von unverbranntem Dieseltreibstoff wahr. Beim nächsten Halt zeigt sich: Eine Kraftstoffleitung ist undicht, aus einer Hochdruckleitung spritzt Diesel auf. Bei der schadhaften Stelle handelt es sich um einen Ermüdungsbruch. Das heißt, die Leitung ist in diesem Fall schon unter Eigenspannung eingebaut worden. Die unzähligen Erschütterungen, denen sie ausgesetzt war, führten schließlich zum Bruch. Was wir hier betrachten, ist das Ergebnis eines Prozesses, der wahrscheinlich über Jahre hinweg dauerte. Wirklich erstaunlich aber ist: Im Werkzeug-raum liegt ausgerechnet solch eine neue Leitung! Während wir sie montieren, wird vielen in der Gruppe klar, daß wir mit dieser Panne schon hier, weit vor Assisi, ein geistliches Bild, ein Symbol bekommen haben. Was bedeutet es für die Gruppe, daß unser Omnibus (»für alle«) eine defekte Leitung hat? Manche sehen darin eine prophetische Kritik. Andere nehmen es als ein deutliches Bild dafür, daß bei uns selbst die Verbindung zum Motor, dem, was uns bewegt, gestört ist. Für mich wird ganz deutlich, daß man als Pilger den (oft gestörten) Zusammenhang zwischen jedem einzelnen und der Gemeinschaft deutlicher wahrnimmt.

Alexander

Armut. Franziskus konnte nicht einfach arm sein. Er mußte eine Liebesaffäre mit der Armut haben, einen lebenslang verbindlichen ritterlichen Liebesdienst für seine geliebte Dame Armut inszenieren. Das ist typisch für ihn! Seine zölibatäre Ehelosigkeit war Leidenschaft - nicht das Fehlen von Leidenschaft.

Weil er die Armut für etwas hielt, was dem Gottessohn besonders lieb war, obwohl sie von aller Welt verachtet wurde, wollte er sie in beständiger Liebe umwerben. Daher verließ er, als er sich in ihre Schönheit verliebt hatte, nicht nur Vater und Mutter, sondern gab auch alles andere auf, damit er umso enger an ihr, seiner Gattin, hängen könnte und sie beide ein Geist würden. Es gab niemanden, der mehr hinter dem Gold her war als er hinter der Armut... (Thomas von Celano, Zweite Lebensbeschreibung)

Wer bist du, o Gott? Und wer bin ich?

Im Jahre 1202 stand Assisi im Krieg mit Perugia. Auch der zwanzigjährige Franziskus nahm an diesem Städtekrieg teil. In der Schlacht bei Ponte San Giovanni geriet er in Kriegsgefangenschaft und kam in den Kerker von Perugia. Erst nach einem Jahr konnte er von seinem Vater freigekauft werden. Er kam nach Assisi zurück und war mehr als eineinhalb Jahre krank. 1205 beschließt er, einen Kreuzzug mitzumachen, zu dem der Papst aufgerufen hat. Aber da empfängt er in Spoleto so etwas wie einen inneren Ruf, seinen Initiationsruf, der ihn zur Heimkehr nach Assisi auffordert. Er ahnt, daß es mehr gibt, als er mit seinem bisherigen Leben berührt hat. Im Traum erfährt er, daß er nach Assisi zurückgehen soll, wo ihm Gottes Wille klar werden wird.
Franziskus verändert sich. Er fängt an, mehr und mehr seine alten Freunde zu meiden. Er zieht er sich immer öfter frühzeitig aus den fröhlichen und ausgelassenen Partys zurück und träumt lieber unter dem offenen Sternenhimmel. Er hat zwei Kirchenruinen gefunden, die seine Lieblingsplätze sind, wohin er sich immer wieder von den Freunden und dem Trubel zurückziehen kann. Der eine Ort liegt bei San Damiano und der andere neben einer Leprastation. Dieses versteckte Plätzchen nannte er Portiuncula, »Portiönchen«. Beides waren zerfallene Kirchen.

Siehst du meine Kirche, wie sie zerfällt?

In San Daminiano hing ein byzantinisches Kreuz, weil hier die Station einer alten Pilgerlinie war. Im Herbst 1205 betete Franziskus in San Damiano vor dem byzantinischen Kreuz, als er plötzlich die Stimme Christi vernahm. Man kann dieses Geschehen entweder als eine akustisch hörbare oder als eine nur innerlich vernommene Stimme verstehen - vielleicht beides zugleich. Sicher muß man dieses Erlebnis über das Konkretistische hinaus als »seelisch wahr« verstehen. Zumindest Franziskus selbst hatte keinen Zweifel daran, daß es Christus war, der hier zu ihm gesprochen hatte. Seine Worte waren: »Siehst du meine Kirche, wie sie zerfällt?« Vermutlich könnte Jesus zu uns heute dasselbe sagen! Und wahrscheinlich war es schon immer so. Und Jesus sagte weiter zu ihm: »Geh und baue meine Kirche wieder auf!« Dieser Ruf wurde zur Aufgabe für das ganze weitere Leben von Franziskus. Es geht eben nicht nur darum, für mich eine persönliche Beziehung zu Jesus zu haben, sondern es geht vor allem darum, sein Werk auf Erden weiter zu führen.

Darin steckt von Anfang an ein sozialer Aspekt, ein Aspekt der Gemeinschaft, auch wenn Franziskus den Ruf zuerst nur ganz wörtlich versteht und dieses eine verfallene Kirchlein restauriert. Franziskus hat diese Worte ganz wörtlich genommen und so hält er es sein Leben lang. Leonardo Boff hat das so ausgedrückt: Die persönliche Erfahrung des Franziskus besteht darin, daß er Gott in der Demut der Inkarnation begegnet. Franziskanische Frömmigkeit kann sich nicht so leicht ins Ideologische, Abstrakte, Metaphysische zurückziehen, sie will immer Inkarnation in Raum und Zeit sein, sie will konkret sein.

Ich habe mich in dieser Woche mit Dreck- und Schuttabladen beschäftigt. Ein ganz wichtiges Symbol dafür war unser defektes Tonbandgerät, um das ich mich gekümmert habe. Es war am Anfang nicht in der Lage, Richards Vorträge aufzunehmen. Es war so verdreckt, daß 90 Prozent der Energie auf der Strecke bleiben mußten. Wenn ich so auf die Schuttablagerungen in mir schaue, sehe ich, daß es mir jahrelang genauso ging. Jahrelang habe ich versucht, diesen Dreck wegzuräumen, immer alles zu verstehen und zu erklären, in der Erwartung, daß irgendwann mal nichts mehr von diesem Dreck da ist. Jetzt sehe ich aber ansatzweise, daß es auch die Möglichkeit gibt, nicht ständig in diesem Dreck zu wühlen, sondern über diesen Haufen Dreck hinwegzusteigen. Das hat eine Menge mit Loslassen zu tun. Und auf dieser Reise nach Assisi habe ich gemerkt, wie gut das tut.

Bruno

Der Vater empfand es bitter, seinen Sohn so zu sehen

Sein mystisches Christuserlebnis führt Franziskus zu einem sehr konkreten, schmerzlichen Konflikt mit dem Vater. Sein Vater war ein angesehener, reicher Tuchhändler in der Stadt. Und so hatte Franziskus eines Tages die Idee, einfach einige der kostbaren Stoffballen und Tücher aus dem Laden seines Vaters ohne dessen Wissen zu verkaufen, um sich auf diese Weise Geld für den Wiederaufbau seiner Kirche zu beschaffen. Natürlich war sein Vater furchtbar zornig auf seinen Sohn und stellte ihn deswegen zur Rede. Franziskus begründete sein Tun ganz simpel mit dem wortwörtlichen Verständnis der Worte, die Christus zu ihm ge-

sprochen hatte: »Jesus hat mir gesagt, daß ich seine Kirche wieder aufbauen soll und deshalb brauche ich Geld und deshalb habe ich das gemacht.« Wenn man die Kirche in San Damiano besucht, kann man noch heute die obersten Steine sehen, die Franziskus selbst aufgemauert hat. Er war ja kein Maurer, aber seine Arbeit hat bis heute gehalten und ist immerhin 800 Jahre lang nicht nicht zusammengebrochen. Franziskus blieb nicht allein. Ein paar Gefährten schließen sich ihm an. Aber sie wurden weder von den Bewohnern der Stadt noch von der Kirche akzeptiert. Sie waren Außenseiter. Sie hatten nichts in der Stadt, nichts in der Kirche, sie waren Rechtlose und von der Gesellschaft verstoßen. Auch ihre eigenen Familien – einige von ihnen stammten wie Franziskus aus sehr wohlhabendem Haus – wollten nichts mit ihnen zu tun haben.

Als sein Vater ihn so niedrig und erbärmlich daherkommen sah, wurde er von übergroßem Schmerz erfüllt. Weil er ihn innig geliebt hatte, schämte er sich seiner nun um so mehr. Er empfand es bitter, seinen Sohn so zu sehen – wie ein Skelett, sinnlos unter der Kälte leidend, den Leib gezeichnet von den vielen Kasteiungen –, daß er ihn jedesmal verfluchte, wenn er ihm in Assisi begegnete.
Franziskus ging das Fluchen seines Vaters sehr nahe. Da nahm er sich einen von allen verachteten Armen an Vaters Stelle und sagte ihm: »Komm du mit mir, ich gebe dir von den Almosen, die ich erhalte. Und wenn du siehst, wie mein Vater mich verflucht, so werde ich dir sagen: 'Segne du mich, Vater!' Und du wirst dann über mich das Kreuzzeichen machen und mich an seiner Stelle segnen!«
Und so geschah es. Der Arme segnete ihn und Franziskus sprach zu seinem Vater: »Glaubst du nicht, daß Gott mir einen Vater geben kann, der mich segnet gegen deine Flüche?« (Dreigefährtenlegende)

Franziskus ist der Heilige, der das Unterste nach oben kehrt. Statt Stärke wählt er Schwachheit, statt Rechthaberei Verwundbarkeit, gegen den Zorn seines leiblichen Vaters stellt er die Liebe und den Segen seines himmlischen Vaters. Er leugnet nicht die Verwundung, die er durch seinen Vater erfährt, aber er erliegt auch nicht dem Fluch des zornigen Vaters gegen den Sohn. Auch Franziskus erlebt als Sohn ein ewig gleiches Muster: Er ist der verwundete Sohn eines Vaters. Der Vater ist nicht da, als er geboren wird, der Vater verpaßt ihm einen anderen Namen, der Vater sperrt ihn ein, der Vater stellt sich gegen ihn. Wie wir alle ist er ein

Der dunkle Gott

Der Gott, der erscheint, wann er will,
der sich entzieht, wann er will,
der mich warten läßt,
der mich ohnmächtig macht
und den ich nicht kontrollieren kann.

Der verborgene, verhüllte Gott,
nach dem ich mich sehne
und den ich nicht finde,
dem ich entgegenschreie:
Wo bist du Gott?
Warum hast du mich verlassen?

Der Gott, der von mir verlangt,
mit Wunden fertigzuwerden,
der mich in mein La Verna schickt,
um mir seine Wundmale
und seine Pein einzubrennen;
der mich mit der Verwundung der Liebe
konfrontiert und mit der Wahrheit:
We are all killed by what we love.

Der Gott, der mir Geliebtes wegnimmt,
auf daß ich es bei ihm wieder suche.
Der eifersüchtige Gott, der nicht will,
daß ich mich zu sehr festhalte
an den Dingen dieser Welt,
der so ausschließlich fordert
und mich ruft in seiner Sehnsucht,
daß ich zu ihm zurückkehre.

Der Gott, der mich in Schranken verweist,
mir Dinge verweigert, meinen Willen stoppt,
der zu mir sagt:
Mein Wille geschehe – und nicht deiner...

Der, von dem ich mich nicht geliebt fühle,
weil er mir nicht alle Wünsche erfüllt.

Der Gott, der mir mein Ego durchlöchert,
mich fast zerbrechen läßt,
der mich sterben läßt, bevor ich sterbe,
der mir Hindernisse nicht aus dem Weg schafft,
damit ich sie überwinde und daran wachse.
Der mich so ernst nimmt,
daß er mir das Leben nicht nur leicht macht,
sondern oft schwer,
der mich immer weiter treibt
in meiner Entwicklung und meinem Lernen,
der streng ist und fordernd
und mich an meine Grenzen treibt,
der unerbittlich ist in seinem Glauben
an meine Tragfähigkeit und Kraft.

Der Gott, der mich auf meinem Weg
hineinstößt
in die Position des hanging man,
in die Dunkelheit und Ausweglosigkeit,
wo es aufdie Fragen und Selbstzweifel
keine Antworten gibt,
wo Franziskus zu weinen begann.

Der Gott, der ungeheueren Mut
von mir verlangt,
der mir erbarmungslos alle Leitern entzieht,
mich mitten in meine Angst hineinstößt,
auf daß ich springe –
und der mich dann auffängt
und willkommen heißt am Ende der Reise...

Ines

Sohn, der sich nach dem Vater sehnt. Aber der Vater stillt diese Liebe nicht. Franziskus hat eine Vaterwunde aus Hunger nach dem Vater. Und Vaterhunger ist immer sehr nahe dran an dem, was Jesus »Hungern und Dürsten nach Gottes Reich« nannte. Wenn wir Glück haben, verwandelt sich unsere ungestillte Sehnsucht nach dem Vater in Sehnsucht nach Gott. Ich möchte damit sagen: Wir lernen sehr viel mehr aus unserer Vaterwunde als aus der Stärke oder Größe unseres Vaters. Wir lernen viel mehr aus der Schwäche unseres Vaters als aus seiner Tüchtigkeit. Wir können dabei lernen, zärtlich mit Wunden umzugehen - unseren und seinen. Franziskus macht uns das vor, indem er einen Armen wählt, der ihm den Vatersegen zuspricht! In unserer Verwundung liegt schon der Segen wie ein Same.

Gott hat das Niedrige und Verachtete erwählt

In der Zeit zwischen 1205 und 1212 arbeitet er mit seiner kleinen Gemeinschaft von Männern vor allem in der Leprastation vor den Toren von Assisi. Die Begegnung mit den Aussätzigen gipfelt für Franziskus in der Freiheit, daß er einen häßlichen, stinkenden Aussätzigen umarmen konnte. Seine wirkliche Lebensreise begann also damit, daß er den aussätzigen Teil seiner selbst annehmen konnte. Dahinter steckt die tiefe Annahme der eigenen Grenzen und negativen Anteile. Franziskus lehrt uns, diese Wahrheit nicht zu verstecken.
Es sieht so aus, als ob dieser Abschnitt im Leben der Brüder die Reinigungsphase darstellt, wo sie in die Tiefe gehen und sich fragen mußten, warum machen wir dies alles eigentlich? Weil sie von vielen immer wieder als Häretiker, als gefährliche und ungesunde Spinner betrachtet werden, geht Franziskus 1209 nach Rom, um sich vom Papst bestätigen zu lassen, daß seine Gemeinschaft nichts Schlechtes sei. Wir müssen uns immer wieder daran erinnern, daß die Brüder ja Laien waren und die meisten von ihnen auch keinerlei Bildung hatten. Man stelle sich bloß mal vor, wie gering ihr Ansehen und ihre Chance ist, in Rom etwas zu erreichen!

Die Geschichte erzählt uns, daß es ganz anders kam. Damals war Innocenz III. Papst in Rom. Nie in der Geschichte zuvor hatte ein Papst so viel Macht wie er. Halb Italien gehörte ihm. Auch dazu steht Franziskus mit seiner Bewegung in

klarem Widerspruch. Hier wird wieder die gegenkulturelle Natur von Franziskus sichtbar. Eigentlich würde man erwarten, daß solch ein mächtiger Papst bestimmt keine Zeit hat für diesen kleinen Kerl aus der Provinz. Aber als Franziskus eine Audienz bei Innocenz III. bekam und vor ihm stand, sagte dieser: »Diesen Mann habe ich heute Nacht im Traum gesehen!« Der Papst lebte damals in der Kirche St. Johannes im Lateran und in seinem Traum hatte er gesehen, daß diese Kirche umzustürzen drohte. Da sah er einen kleinen Mann, der darunter stand und das ganze Gebäude stützte. Als Franziskus vor ihm stand, sagte er: »Das ist der Mann, der den Sturz aufhielt«.
Obwohl Franziskus keine theologische Ausbildung hatte und zu dieser Zeit auch nur etwa vier Brüder mit ihm lebten, gab ihm der Papst die mündliche Zusage: »Tue, was du tun mußt«.

Der Weg nach unten

Sicher kennt ihr die Geschichte aus dem 19. Kapitel des Lukasevangeliums, die von Zachäus, dem Zöllner handelt, der auf einen Baum klettert, um Jesus zu sehen. Er meint, daß er Jesus nur dann sehen kann, wenn er ganz hoch hinaufklettert. Als Jesus vorbeikommt und ihn erblickt, sagt er zu Zachäus: »Komm runter, denn heute werde ich Gast in deinem Hause sein!« Und als die herumstehenden Leute das hören, sagen sie: »Das ist mal wieder typisch - Jesus ißt mit den Sündern!« Diese Geschichte ist ein schönes Gleichnis für das, was wir miteinander in diesen Tagen begreifen wollen.
Wir sehen in Zachäus einen typischen Mann, der zum Geist hinaufklettert (aufsteigt) und von oben herab die Wahrheit (Jesus) erkennen will. Und was Jesus zu ihm zu sagen hat, ist dieses: »Du mußt herunterkommen - dann erst kann ich in deinem Haus mit dir essen und Gemeinschaft mit dir haben!« Wann immer wir diese Bewegung nach unten machen, wird das Volk denken, wir seien Sünder und entfernten uns vom Geistlichen. So dachten sie über Jesus: Der geht hin und ißt mit einem Sünder.
Was möchte ich damit sagen? Wenn wir uns *nicht* mit dem Körper und der Seele zum Geist hochbewegen, müssen wir wieder »heruntersteigen« und unsere Lektion von neuem lernen. Wir können nicht direkt vom Körper zum Geist kommen.

Diese Lektion hat auch Franziskus lernen müssen. Kurz nach seiner Bekehrung ging Franziskus eines Morgens zur Messe. Nach der Messe fragte er den Priester, ob er die Bibel haben dürfe. Er betete und schlug dann dreimal hintereinander die Bibel auf. Unter den Charismatikern und bibeltreuen Christen ist das auch heute eine beliebte Praxis. Und ich muß gestehen, daß ich das auch schon einige Male ausprobiert habe und erstaunlicherweise hat es fast jedesmal funktioniert. Bei Franziskus war es auch so. Als er die Bibel zum ersten Mal aufschlug, stieß er auf die Stelle in Matthäus 19,21: »Jesus sprach: Willst du vollkommen sein, so gehe hin, verkaufe, was du hast, und gib´s den Armen, so wirst du einen Schatz im Himmel haben; und komm und folge mir nach!«

Das macht mir unendliche Angst.

Dann betete er wieder und öffnete das Evangelium zum zweiten Mal. Er fand Markus 6, 7-9, wo Jesus die Jünger immer zu zweien aussendet und sagt, sie sollten »nichts mitnehmen auf den Weg, als allein einen Stab, kein Brot, keine Tasche, kein Geld im Gürtel, wohl aber Schuhe an den Füßen...« Franziskus nahm das alles ganz wörtlich ernst. Darum tragen ja die Franziskaner bis heute einen Strick und keinen Gürtel, weil zu Lebzeiten von Franziskus ein Gürtel dazu benutzt wurde, um sein Geld darin aufzubewahren. Franziskus wollte mit seiner Kutte und dem Strick um den Bauch allen zeigen, daß er wirklich kein Geld bei sich trug und seiner geliebten Armut treu war.

Beim dritten Mal fand er eine Stelle im Lukasevangelium, Kapitel 9,23-24: »Wer mir folgen will, der verleugne sich selbst und nehme sein Kreuz auf sich täglich und folge mir nach. Denn wer sein Leben erhalten will, der wird es verlieren; wer aber sein Leben verliert um meinetwillen, der wird´s erhalten.« Als er das gelesen hatte, legte Franziskus die Bibel weg und sagte: Das ist genau das, was ich will, danach habe ich die ganze Zeit gesucht. Und all das werde ich jetzt mit ganzem Herzen tun.

→ Ich kann mir nicht vorstellen so zu leben... falsch, ich kann mir das vorstellen, da gibt es sogar eine nebulöse Sehnsucht, Tendenzen, Hoffnungen, Wünsche, aber es macht auch unendliche Angst

Ich kann McCandless nachvollziehen. Merkwürdig ist, ich bewundere ihn nicht, er versucht einfach sein Leben bewußt zu leben, das tue ich auch. Jedem gelingt es anders

Noch weit vor Assisi, in Pincenza, hatte ich in der ersten Nacht unserer Reise einen Traum, von dem ich glaube, daß er uns alle betrifft. Denn als ich hier in unserem Gruppenraum die Deckenmalerei sah, erkannte ich das Bild meines Traumes wieder. Diese barocke Form habe ich in meinem Traum als Brunnen, als ein aus grauem Stein gefaßtes Bassin gesehen.
Ich war in diesem Bassin und mit mir waren in diesem trüben Wasser sehr viele versteinerte Delphine, grau und gekrümmt, wie im Sprung erstarrt. Und in der Mitte des Bassins war ein Metallstück, aus dem kein Wasser floß. Es war schrecklich für mich das zu sehen. So habe ich mit aller Kraft gerufen, daß doch aus der Mitte wieder Wasser fließen möchte, weil ich die Kälte dieser versteinerten Delphine spürte und mich so danach sehnte, daß sie lebendig würden.
Als ich Richard zwei Tage später diesen Traum erzählte, hat er das Wort gefunden für das metallene Mittelstück, das ist das Rohr in

Abschied vom falschen Selbst

Ich möchte noch einmal auf die Stelle bei Lukas eingehen, weil ich meine, daß Jesus das Wort *Selbst* hier auf zwei verschiedene Arten gebraucht. Es gibt ein Selbst zu verlieren und es gilt ein Selbst zu finden. Wenn wir von Bekehrung reden, dann meinen wir das Sich-Abkehren von unserem falschen Selbst. Eigentlich sprechen alle großen Religionen davon, wie wir das falsche Selbst verlieren und das wahre Selbst finden können. Im Buddhismus spricht man z.B. davon, daß man das falsche Selbst durch »Wunschlosigkeit« verliert. Im Christentum hat das Finden des wahren Selbst etwas mit wahrem *Sehen* zu tun. Dieses Sehen wird immer mit einer Umkehr der ganzen Person zu tun haben, weil es uns näher liegt, uns mit dem falschen Selbst zu identifizieren. Unser Ego sucht normalerweise nach Sicherheit und Anerkennung. Unser normales Ego ist konservativ, es will das festhalten und beschützen, was es hat. Ohne Erleuchtung, ohne das *neue Leben* werden wir wahrscheinlich nicht umkehren können. Unser Leben wird dadurch dann immer kurzsichtiger und enger.

Wer als Christ in konservativem Sinne erzogen wurde, hat vermutlich beigebracht bekommen, daß der Körper (Fleisch - *sarx)* das falsche Selbst ist, dem man nicht trauen darf. Und er hat gelernt, daß das wahre Selbst mit Zachäus auf dem Baum sitzt und Jesus sieht. Aber das ist falsch, denn ich kann auf allen drei Ebenen meines Menschseins vom falschen Selbst her leben! Es gibt eine falsche Leibhaftigkeit, eine falsche Seele und eine falsche Geistlichkeit. Als »Mensch auf dem Baum« kann ich völlig gefangen sein in meinem Intellekt, in meinen Prinzipien und Doktrinen und überzeugt sein, ich lebe im Geist und sehe Jesus. In Wirklichkeit ist das die gefährlichste Form des falschen Selbst, da sie aus Stolz besteht. Ebenso kann ich auf allen drei Ebenen aus meinem *wahren* Selbst leben. Der Unterschied besteht in der Offenheit gegenüber dem ganz anderen. Mit anderen Worten: Wenn der Körper gefangen ist im Körper, dann ist das unser falsches Selbst. Nur wenn der Körper offen ist für die Seele und den Geist, ist er wahrer Körper. Nur wenn die Seele offen ist für Körper und Geist, ist sie wahre Seele. Und nur wenn der Geist eine Reflexion der Wahrheit ist, wie Körper und Seele zusammenwirken, ist er wahrer Geist. Ich möchte Geist gern als grenzenlose Offenheit gegenüber dem Transzendenten definieren. Zugleich aber auch als totale Offenheit gegenüber Seele und Körper.

Das klingt eigentlich sehr einfach, aber in Wirklichkeit ist es das Schwierigste dieser Welt, wirklich und wahrhaftig offen zu sein. Normalerweise möchten wir nur das aufnehmen, was wir verstehen und kontrollieren können. Unser Bewußtsein möchte nicht offen sein für all das, was noch in unserem Unterbewußtsein stecken könnte.

Der Glanz Gottes

Was ich bei diesem Lukas-Text zeigen wollte, ist die Frage: Welches ist das Selbst, das sterben muß? Es ist das private Selbst, das kontrolliert und sich absichert. Und wenn wir das wagen, dieses falsche Selbst loszulassen, dann glaube ich, daß das wahre Selbst schon da ist. Wir erarbeiten es nicht und verdienen es uns auch nicht. Aber sobald wir das falsche Selbst loslassen, kommt das wahre Selbst zum Vorschein. Leider sind die meisten von uns so gefangen im falschen Selbst, daß sie das wahre Selbst nie sehen. Ich denke, daß das Wort Glorie, der Glanz Gottes, etwas zu tun hat mit unserem wahren Selbst. Gloria dei meint den Ruhm, die Verehrung, die himmlische Herrlichkeit Gottes. (Herrlichkeit klingt zwar im Deutschen sexistisch, das ist aber im Englischen oder im Lateinischen nicht mit dem Wort glory oder Gloria verbunden! Johannes spricht in seinem Evangelium, Kapitel 1, Vers 14, zum Beispiel davon, daß Jesus die Ehre und den Glanz seines Vaters in diese Welt bringt: »Und das Wort ward Fleisch und wohnte unter uns und wir sahen seine Herrlichkeit, eine Herrlichkeit als des eingeborenen Sohnes vom Vater, voller Gnade und Wahrheit.«)

Ich meine, Jesus ist in diese Welt gekommen, um uns das Bewußtsein zu bringen, daß der Glanz und die Ehre Gottes in uns selbst sind, daß darin unser wahres Selbst steckt. Das können wir nicht machen, das kommt nicht von außen dazu, das ist in uns drin. Versteht mich bitte nicht falsch. Ich sage nicht, daß Gott nicht auch außerhalb von uns ist - der ganz andere. Das ist genau der Unterschied zwischen New Age und Christentum. Was wir als Christen im Gleichgewicht halten müssen, ist die Tatsache, daß Gott sowohl außerhalb als auch innerhalb von uns ist. Wenn wir Gott ganz ausschließlich innerhalb von uns sehen, ist das ein Fehler, den viele Esoteriker begehen. Damit machen wir uns zu Narzißten und Individualisten. Natürlich hat umgekehrt gerade die Kirche oft vergessen, daß Gott auch in uns ist. Sie hat zu lange betont, daß er ganz außerhalb von uns ist. Und

der Mitte! Und dann begann eine wunderbare Verwandlung im Traum: Das Rohr in der Mitte begann zu pulsieren und es stieg kristallklares blaues Wasser in einer hohen Fontaine auf und fiel auf die Delphine und reinigte das ganze trübe Wasser. Die Delphine verwandelten sich in lebendiges glänzendes blauschwarzes Fleisch und fingen an um mich herum zu tanzen und zu springen - und ich war sehr glücklich, mit allen anderen da zu sein.

Bei unseren Sharings habe ich gemerkt, wie viele Tränen hier geflossen sind und wie viele von uns den Mut gefunden haben, ihre eigene Versteinerung anzufassen und um dieses kristallklare Wasser zu bitten. Und das zeigte mir, daß dieser Traum uns allen gehört. Pace.

Marion

auch das ist ein Fehler. Deshalb geht die Esoterik jetzt ins andere Extrem, um das wieder auszubalancieren.
Ich glaube, man kann sagen, daß in einer gesunden Religiosität immer ein Gleichgewicht besteht zwischen diesen beiden Polen. So wie Gottes Glanz und Ehre uns von der Schöpfung her mitgegeben und in uns sind, so ist in unserer christlichen Tradition das Gleichgewicht dazu gegeben durch die Gnade, die immer von außen zu uns kommt. Gnade kann man niemals erwerben, sie kommt immer als Gnade, und das bedeutet in den romanischen Sprachen so viel wie gratis, umsonst, frei.

Die unverbundenen Wunden

Unser Ziel heute, La Verna bei Arezzo, war für Franziskus der Ort, zu dem er zum stillen Gebet kam. Graf Orlando von Chiusi hatte diesen felsigen Berg 1213 Franziskus geschenkt. Im August 1224 zog sich Franziskus hierher zurück, um 40 Tage lang inmitten der Steine zu schweigen und zu fasten. Hier hatte er eine erschreckende und gewaltige Vision von Christus in Gestalt eines Seraphs mit sechs Flügeln, bei der er die Wundmale Christi empfing. Die Betrachtung des Leidens Jesu hatte in ihm ein solches Mit-Leiden ausgelöst, daß er »sich in Liebe und Mitleid ganz in Jesus verwandelte«.
Mitleiden hat nichts mit Wehleiden zu tun. Im Mitleiden geht es um die Identifikation mit dem Schmerz eines anderen, um Leidens-Gemeinschaft. Franziskus besaß so viel leidenschaftliche Hingabe nicht nur für die Liebe Gottes, sondern auch für seinen Schmerz, daß er oft lautstark die Leiden Christi beklagte und untröstlich schien. Franziskus war ein Mann mit einem so großen Herzen, daß er nicht nur die äußerste Freude, sondern auch den äußersten Schmerz erleben wollte. Und so bat er hier in La Verna um zwei Zeichen der Gnade Gottes: Er bittet erstens darum, den Schmerz Jesu am Kreuz zu erleben - und zwar »in meiner Seele und an meinem Körper«. Franziskus grenzt seinen Körper nicht aus, er will leib-haftig Christus begegnen, auch im Schmerz! Und er bittet zweitens, daß er in seinem Herzen die brennende Liebe Gottes zu uns empfinden darf. Franziskus wollte das Leiden Gottes teilen. Seine Spiritualität ist nie abstrakt, sondern immer konkret: Er wollte die Inkarnation fortsetzen. Er wollte Jesus *sein* – und nicht nur Jesus *anbeten*. Franziskus lehrt uns, die Inkarnation zu *leben:* Das heißt, Fleisch zu

La Verna

Meine erste Begegnung mit Franziskus auf dieser Reise hatte ich auf La Verna, vor den Fresken im Gang zur Kapelle der Stygmatisierung. Diese Fresken bewegten mich tief, und ich versuchte mir zu erklären, warum. Der Maler mußte Franziskus sehr geliebt haben, dachte ich. Und plötzlich spürte ich, daß es meine eigene Liebe zu Franziskus war, die in mir dieses tiefe Bewegtsein auslöste. An Gruppen von Pilgern vorbeidrängend kam ich in die Kapelle der Stygmatisierung und war da für Augenblicke ganz allein. Es war, wie wenn dieser Raum unsichtbar ganz fein vibrieren und mein Körper anfangen würde, mitzuschwingen. Dabei wurden die Wunden und Verletzungen meines über 60jährigen Lebens vor meinem inneren Auge sichtbar. Dankbarkeit durchströmte mich: Es war mir erst vor kurzem bewußt worden, welchen Anteil ich selbst an diesen Wunden und Verletzungen hatte. Und ich hatte den Schmerz annehmen, weinen und mit einem

lieben Menschen darüber sprechen können. Vor meinem inneren Auge sah ich Franz von Assisi. Ich sah seine Beziehung zu Jesus und das Geheimnis seiner Wundmale wurde für einen Augenblick durchsichtig.
Auf meinem schweigenden Alleingang durch La Verna ging ich eine Weile hinter drei älteren Italienerinnen her. Ein Franziskaner in brauner Kutte kreuzte unseren Weg. Im gleichen Augenblick, als er an den drei Frauen vorbeiging, wandten sie sich alle blitzschnell um und berührten ihn.
Später erzählte ich Richard davon. Wir versuchten herauszufinden, was sich die Frauen von dieser Berührung erhofften. Richards Antwort werde ich nie vergessen: »Da glauben die Menschen, er sei ein Heiliger, weil er eine braune Kutte trägt. Dabei sind doch diejenigen die Heiligen, die ihre Hände nach dem Segen ausstrecken!«

Eva-Marie

La Verna

Christus,
Dein Vergeben wurde immer radikaler
bis du starbst.
So wurde,
als du auferstanden warst,
das Licht um viele Schichten reicher,
die Kraft des Vergebens drang tiefer
in die Seelen ein,
öffnete die Erde,
floß ein,
sie zu läutern und zu heilen:
Ein neuer Boden,
eine neue Wirklichkeit entstand.

Franziskus,
Als du dich auf die Erde legtest,
nackt, zum Segnen und Sterben bereit,
pulsierte die Welt
und neuer Boden entstand
aus Liebe und tönender Erde.

Mutter Erde,
Im Schoß
feuchte Materie
zärtlich, weich.
Erde: Hingegebenes.

Franziskus,
Wenn ein Mensch wirklich tut,
was er ist,
ändert sich die Welt,
wird Grund.
Du standest im Brennpunkt
gleißenden Lichtes,
im Scheine seiner Verklärung.

Einfacher,
Kind erleuchtender Liebe,
Licht-Berauschter,
schwebtest du über den Bergen
beflügelt,
und leidend mit ihm,
tränennaß.

Naiver,
Mit den Winden tanztest du.
Im Lichte der Nacht
flossen deine Tränen,
rollten Sonnen in deinem Herzen.
In gleißenden Nächten
floß Blut
aus deinen gefalteten Händen
und die Zweige wisperten,
als du durch die Wälder gingst.

Christus,
Du zerbrachst
in unserer gebrochenen Welt
und aus deinen Wunden floß
heilendes Licht:
Du brachst auf,
um uns die Welt zu öffnen.
Dein Atem machte uns lebendig,
dein Atem gebar uns neu.

Franziskus,
Am Fuß gespaltener Felsen
ging deine Wunde auf,
da, in den Spalten von La Verna,
entströmte der Erde
göttlicher Hauch.

Christus:
Eine neue Erde
und einen neuen Himmel
will ich schaffen
aus Verzeihen und Barmherzigkeit..

Der Liebende:
Ich erschuf dich,
Mensch,
um dir all meine Liebe zu schenken;
steh auf,
dreh dich in meinem Atemwind
um meine leuchtende Mitte.
Liebe ist der Hauch
der schönsten Liebeserklärung,
die es je gab.
Er entströmt heiliger Erde,
dem geweiteten Herzen
und dem staunenden Auge,
das erkennt:
Ich bin, der ich bin.
Liebe ist der Vogel,
der aus dem Felsen steigt;
die Hoffnung auf trockenen Lippen,
das Sprühen in den Augen Geächteter.

Franziskus,
Nackter,
Heiliger Narr:
Du hast von der Liebe getrunken,
standest auf der Grenze,
nackt,
zwischen Sonne und Mond,
Himmel und Erde.

Werner

werden, nackt zu werden, unfähig zu sein, die eigenen Grenzen zu leugnen, unfähig zu sein, die eigenen Wunden zu verbinden.
La Verna ist also die Einladung an unsere Bereitschaft zum Mit-Leiden. Es ist die Einladung, den leidenden Christus *in uns* zu umarmen und Gott die Dunkelheit unserer eigenen Seele zu offenbaren, unsere Wunden.

Die Seele weint
Ich glaube, daß wir alle ganz tief im Grunde unseres Wesens wissen, daß wir aus Gott gekommen sind. Die große Traurigkeit besteht darin, daß die meisten Menschen auf dieser Welt das gar nicht wissen, weil sie Gefangene ihres falschen Selbst sind.
Das schönste Symbol für das wahre Selbst ist wahrscheinlich das Kind. Wenn ich als Amerikaner nach Europa komme, fällt mir sofort auf, wieviele Jesus-als-Kind-Symbole es hier gibt. An jeder Ecke findet man eine Statue oder ein Bild von Maria, die das Kind hochhält. Und manchmal frage ich mich, ob es nicht noch anderes darzustellen gab. Aber wenn wir verstehen lernen, was diese Bilder uns sagen wollen, begreifen wir etwas von der tiefen Symbolik, die in ihnen steckt. Maria ist das Feminine, die Seele, die uns immer wieder sagt: Das bist du, du bist das Christuskind, komm zurück zu deinem wahren Selbst! Christus in uns ist unser wahres Selbst. Die Seele ist immer weiblich vor Gott und die Wahrheit, die sie uns zeigt, ist unser inneres Kind, welches aus Gott geboren ist, und durch die Welt verwundet wurde.
Als Gegenstück dazu haben wir die Pieta, das ist Maria, die den verwundeten Sohn in den Armen hält und weint. Und oft können wir, genau wie Maria auch, nur weinen darüber, was wir unserer Seele, unserem inneren Kind, angetan haben.
Viele Probleme in der heutigen Christenheit kommen daher, daß wir die mythologisch symbolische Sprache der Seele nicht mehr verstehen und übersetzen können. Wir denken, es sei eben nur ein Bild der historischen Figur Maria und des historischen Jesus. Das passiert immer dann, wenn für uns Gott extrem außerhalb von uns gesehen wird. Was wir dagegen wiederfinden müssen, ist auch hier das »sowohl als auch«. Jesus und Maria waren konkrete historische Personen, aber sie sind auch Symbole des Jesus in uns und der Maria in uns. Als Katholik weiß ich,

La Verna - der Fels

Jemandem einen Berg schenken.
Hoffen, daß er die Kraft hat,
den Weg dorthin zu gehen.

Regen schließt uns den Berg auf, Gewitter.
Schweigen inmitten der Steine.
Was wünschen sich Heilige?
Wer glaubt, stößt hier auf Fels.

Das Geschenk als Zumutung.
Weise. Abstoßend. Hart.
Wie die Gnade, um die er hier bat.
Um die äußerste Verwundung
bittet der Spielmann Gottes,
um die Nacktheit Gottes am Kreuz,
um einen Fels.

Die innere Kluft aushalten.
Die enge Pforte durchschreiten.
Den Blick in die Wunden wagen.

Ganz unten im Ab-Grund des Schmerzes
stehen die zärtlichsten Blumen
füreinander in Flammen.
Gemeinschaft der Verwundeten:
Christus leibhaftig, leidend,
inmitten der Seele
nackter als Fels.

Jemandem einen Berg schenken,
der in Gesang und Liebe entbrennt
für Christus in seiner rauhesten Gestalt -
für Bruder Fels.

Marion

wie schwer es Protestanten fällt, das wieder neu zu lernen. Genau zu der Zeit, als die Reformation begann, wurde Europa immer mehr intellektualisiert. Und niemand verkörpert dieses bilderlose, symbolentleerte und verkopfte Christentum besser als Calvin und Zwingli. Die Schweizer Reformierten waren so ziemlich die am meisten kopflastigen und linear zerebralen Menschen ihrer Zeit. Und wer das Enneagramm kennt weiß, daß die drei Reformatoren Calvin, Zwingli und Luther allesamt EINSer waren. Einen Ausgleich findet das erst jetzt wieder, bei C.G. Jung oder auch bei Leuten wie euch, von denen die meisten ja aus der Schweiz kommen. Warum? Weil ihr merkt, daß auch die Sicht der Reformatoren einseitig war und allein nicht ausreicht, um die Wirklichkeit in allen ihren Dimensionen zu erfassen. Wahrscheinlich seid ihr nun sogar offener dafür als bei uns auf dem amerikanischen Kontinent etwa die Mexikaner, die so viele Symbole haben, daß sie sie schon gar nicht mehr sehen und verstehen. Vielleicht seid ihr Schweizer da zur Zeit im guten Sinne so etwas wie eine tabula rasa, ein leerer Tisch, eine freie Wand, die bereit ist, Gott wieder neu zu empfangen.

Die Integration des Weiblichen

Klara wurde um 1193 geboren. Sie lebte mit ihrer Familie bei San Rufino. Wie Franziskus wuchs sie als Kind der sozialen Oberschicht auf. 1212 flieht sie bei Nacht im Kleid einer Braut aus dem Elternhaus zu Franziskus. Sie wird »die kleine Pflanze des Vaters Franziskus«, mit ihr integriert Franziskus das Weibliche in seine Spiritualität. In der Sprache der Legenden klingt das so: »Von diesem Tag an waren Franz und Klara nie mehr getrennt.«

Aber was sollte er mit ihr machen? Er wußte nicht einmal, wo er sie unterbringen sollte, er lebte ja mit einigen Brüdern bei San Damiano zusammen. Damals lebte keine Frau ohne männlichen Schutz oder ohne Familie, so daß er zu dem Schluß kam, es sei für Klara am sichersten, wenn sie nahe bei der Stadt leben würde. Franziskus beschloß deshalb, mit seinen Brüdern zu dem weiter abgelegenen Portiuncula zu ziehen und Klara dafür in San Daminiano leben zu lassen.

In San Damiano hielt sich Klara vor dem Ansturm der Welt verborgen... In diesem umfriedeten Versteck nistete die silberne Taube... und legte den Grund zum Orden der Armen Frauen. (Thomas von Celano, Leben der hl. Klara 10)

In der ersten Nacht der Reise träumte ich, daß ich mitten in einer Gruppe von Menschen stand. Alle hatten liebevoll ein kleines Kind auf dem Arm. Meine Gedanken beim Aufwachen: In jedem Menschen unserer Gruppe ist die Spiritualität, die Mystik lebendig und muß liebevoll umsorgt werden, damit sie wachsen kann.
So wie meine Wunden aufgedeckt wurden in La Verna,wurde für mich in Assisi immer wieder innere, geahnte, manchmal angezweifelte Wahrheit aufgedeckt. Richards Teachings lösten in mir eine Resonanz aus, die ich als Herausforderung und gleichzeitige Erleichterung, Freude, Bestätigung und als Mit-meinen-Ahnungen-nicht-mehr-Alleinsein beschreiben möchte.
Beim Gottesdienst in der Kapelle der Casa del Terziaro liest Richard das Gleichnis von den Lilien auf dem Felde und den Vögeln am Himmel, die nicht säen und nicht ernten. Da vorne steht ein kleiner, bescheidener Mann, der mit mütterlicher Wärme in der Stimme zum Kind in mir spricht. Es ist eine Vision der Liebe und Mütterlichkeit des Franz von Assisi, der Liebe und Mütterlichkeit Gottes.
Eine Woche nach der Rückkehr, in der Nacht auf Pfingstsonntag, träume ich von einem kleinen Kind. Es ist ein ganz reines, unschuldiges Kind, strahlend, fröhlich und weise - und es ist Teil von mir.

Eva-Marie

So wurde also die Portiuncula zum Gemeinschaftshaus der Männer und San Daminiano dasjenige der Frauen. Es ist interessant, daß einige Zeit später die Männer San Daminiano wieder zurücknahmen. Sie sagten, die Frauen müßten innerhalb der Stadtmauern leben, um wirklich sicher zu sein. Die Frauen kamen dann nach Santa Chiara in die Stadt, wo sie heute noch sind. Aber eines Nachts gingen sie nach San Daminiano und nahmen das byzantinische Kreuz wieder zu sich. So hängt das Original in Santa Chiara und das Kreuz in San Daminiano ist nur eine Kopie.

Eine Liebhaberin der Armut

Klara wurde also 1212 ein aktives Mitglied der Bewegung um Franziskus. Heute würde man sie wahrscheinlich mit einer Mutter Theresa vergleichen, die sich aktiv in der Welt den Armen widmet. Aber im 13. Jahrhundert war diese Art zu leben für eine Frau unmöglich. Frauen wurden entweder in der Öffentlichkeit von Männern begleitet, oder zu Hause in ihrem Haushalt »eingesperrt«. In einigen islamischen Ländern ist das ja heute noch so.

Klara und die anderen Schwestern übernahmen so den kontemplativen Part der ganzen Bewegung, während die Männer den aktiven Teil verkörperten.

Natürlich ist das schade, daß es damals diese Trennung gab. Ich habe den Eindruck, daß gerade die Männer mehr den kontemplativen Weg und die Frauen mehr den Umgang mit der Welt gebraucht hätten. So fallen wir immer wieder in den Dualismus und verhindern dadurch die »Heilige Hochzeit« der beiden Teile. Durch diese Trennung in der franziskanischen Bewegung kam es auch nicht zu einer fruchtbaren Ergänzung der Geschlechter, also von männlicher und weiblicher Energie.

1. Orden: OFM = Orden der minderen Brüder
2. " : Die armen Klarissen
3. " : = Laien und Nichtpriester
→ Dante

Die Frauen nahmen übrigens auch die Armut viel ernster als die Männer, darum ihr Name »Die armen Klarissen«. Die Männer bekamen damals den Namen des ersten Ordens OFM, Orden der minderen Brüder. Die armen Klarissen wurden zum zweiten Orden. Aber bald schon wollten auch viele Laien und Nichtpriester wie Franziskus Christus nachfolgen und in seiner Spiritualität leben. Sie wurden zum dritten Orden der Franziskaner.

Heute sagen wir, daß die Franziskaner auch untereinander Ökumene brauchen. Die Männer sind in drei verschiedene Gruppen aufgeteilt. Die Trennung fand

Gebet

Staunend, hilflos bin ich,
singe das Lied der Quelle,
Geburtsraum meiner Sehnsucht.
Ich singe das Lied
der immerwährenden Geburt
einer Liebenden in mir.
Ich singe aus und in Angst
das Lied der schwindenden Grenzen.
Ich singe in der Dunkelheit,
es hält mich der Klang.
Und der Tod lehrt mich
das Lied der Sterbenden.
Ich bin gehalten vom Pulsschlag
zwischen Geburt und Tod
und singe das Lied der kleinen Frau,
die um Gnade bittet,
wenn sie an die Grenze
des Unaussprechlichen gerät.
Und ich finde sie in mir wie ein Geschenk.
Und ich singe das Lied des Dankes
an die Kraft, die von mir
keinen Namen erhält.

Sibylle

Das Frauen-Mutterunser

Mutter unser im Himmel,
Geheiliget werde dein Name.
Dein Reich komme.
Dein Wille geschehe,
wie im Himmel
so auf Erden.
Unser tägliches Brot gib uns heute
und vergib uns unsere Schuld
wie auch wir vergeben unseren Schuldigern.
Und führe uns in der Versuchung
und erlöse uns von dem Bösen.
Denn dein ist die Hingabe
und die Freude
und die Wahrheit.
Amen

Eva-Maria und Sibylle

immer dann statt, wenn sie sich nicht einigen konnten, wie sie Armut interpretieren und leben sollten. Wenn man durch Assisi geht, sieht man Franziskaner in braunen und in schwarzen Kutten. Das geht bis 1228, also bis in die Zeit der Heiligsprechung von Franziskus zurück, die übrigens schon zwei Jahre nach seinem Tod im Oktober 1226 geschah, was ganz ungewöhnlich und sehr schnell ist. Die Franziskaner bauten damals die große Basilika San Francesco hier in Assisi. Für einen großen Teil der Franziskaner bedeutete dieser Bau den totalen Verrat an all dem, was Franziskus gelehrt und gelebt hatte. Damals lebten ja die meisten der Brüder noch draußen vor der Stadt auf den Feldern bei den Leprakranken. Und jetzt sollten sie zurück in die Stadt und wieder zum reichen Establishment gehören! Alle, die damals von den Feldern in die Stadt zurückkehrten, werden die »Konventionellen« genannt und tragen die schwarzen Kutten.
Zur Zeit der Reformation in Italien trennte sich ein weiterer Teil der Franziskaner ab, aus der Überzeugung heraus, daß man als Bruder wieder mehr zur Armut zurückkehren sollte. Als äußeres Zeichen sollte man wie Franziskus auch einen Bart tragen. Das sind die Kapuziner. Als ich vor zwei Jahren in Basel war, nahmen mich meine Gastgeber mit zur Barfüßerkirche und sagten: »Das ist deine Kirche!«. Denn die ersten Franziskaner, die in die Schweiz kamen, wurden Barfüßer genannt. Ich war sehr glücklich, als ich sah, daß diese Kirche sehr schlicht gebaut und eingerichtet ist.
Ich glaube, daß die armen Klarissen ein sehr wichtiger Teil der ganzen Franziskanerbewegung geworden sind. Da sie aber vom aktiven Leben der Brüder getrennt wurden, gerieten sie immer mehr in den Hintergrund und hatten wenig gesellschaftlichen Einfluß. Klara verließ San Damiano nicht einmal an dem Tag, als Franziskus zwei Jahre nach seinem Tod feierlich heiliggesprochen wurde - so sehr waren die Frauen an ihren Ort gebunden. Ein paar von ihnen gingen dann doch hoch nach Assisi in die Stadt, um die Zeremonie mitzuerleben. Als sie zurückkamen und Klara davon erzählen wollten, sagte sie: »Ihr braucht mir nichts erzählen, ich habe alles gesehen – als Bild auf dieser Wand.« Deshalb hat man sie zur Schutzpatronin des Fernsehens erklärt! Das ist kein Witz, sondern wirklich wahr, aufgrund dieser Geschichte. Man muß sich das vorstellen, diese Klara, die in froher Armut gelebt hat und im 20. Jahrhundert macht man sie zur Schutzpatronin des Fernsehens!

Mit unserer heutigen Terminologie würden wir Klara wohl eine befreite Frau nennen. Rom wollte damals die Frauenkommunität in San Daminiano zu einer Schwesterngemeinschaft wie alle anderen auch erklären, weil die radikale Armut von Klara den Oberen ein Dorn im Auge war. Wißt ihr, radikale Armut bedeutet eigentlich, daß man aufhört, ein Teil des Systems zu sein und das Spiel nicht mehr mitspielt. Das war eine eindeutige Entscheidung aus Assisi - gegen Rom. Deshalb wollte Rom auch immer, daß Klara ein Dokument unterschreiben sollte, mit dem man sie besser ins Establishment einbinden wollte. Aber Klara schrieb nach Rom, sie gebe nicht eher Ruhe, bis sie von Rom die schriftliche Bestätigung zum Privileg der Armut erhalte. Viele Jahre lang bekam sie nicht einmal eine Antwort darauf. Und so begann sie dafür zu fasten. Am 9. August 1253, zwei Tage vor ihrem Tod kam ein Gesandter aus Rom und überreichte ihr das schriftliche Privileg der Armut.

Unser Körper ist gut

Wenn man in der Kirche Santa Chiara ins Untergeschoß hinabsteigt, sieht man dort Klaras Grabmal und hinter einer gläsernen Wand eine Nachbildung ihres Körpers. Ein paar Jahrhunderte lang zerfiel ihr Körper kaum; vor zwölf Jahren sah man noch ihr Gesicht, schwarz wie Leder. In Europa gibt es noch ein paar Orte mit solchen wundersamen Manifestationen. Zum Beispiel in Frankreich die heilige Bernadette, die immer noch so aussieht, als ob sie noch lebt.

Wenn wir im Glaubensbekenntnis beten: »Ich glaube an die Auferstehung der Toten«, so nehmen manche Leute heute an, daß solche Wunder wie bei Klara und der heiligen Bernadette so etwas wie eine Vorwegnahme dieser Auferstehung des Leibes ist.

Bei Menschen, die ihr Leben ganz Gott hingegeben haben, ist ihr Körper als Symbol dafür schon als auferstandener in dieser Welt zurückgeblieben. Vielleicht klingt das für manche wie ein altes Märchen, aber was es uns sagen kann, ist dies:

Unser Körper ist gut! Und unser Körper ist ein Teil vom ganzen Geheimnis der Auferstehung.

C.G.Jung sagte, daß die wichtigste geistliche Aussage der Kirche in den letzten zwei Jahrhunderten jene von der Himmelfahrt Mariens war. Denn die mythologische Aussage darin ist, daß ein menschlicher Körper jetzt im Himmel ist – und dieser menschliche Körper ist weiblich! Psychologisch gesehen ist das ein gewaltiger Schritt nach vorne, denn es besagt, daß das Weibliche in Gott integriert ist, daß Gott nicht nur männlicher Geist ist, sondern ausbalanciert wird durch den weiblichen Körper. Das ist jetzt psychologisch und mythologisch gesprochen - aber letztendlich eben doch auch theologisch.

Neben dem Grab in Santa Chiara gibt es dort auch ein Bild, welches Klara vor einem Tisch voller Brote zeigt. An der Seite stehen der Papst, ein paar Bischöfe und Priester. Die Legende sagt, daß Klara sie zu einem Agapemahl (Abendmahl) eingeladen habe. Klara segnete das Brot, worauf ein Kreuz erschien! In Assisi verkaufen sie heute noch dieses Brot mit einem Kreuz darauf und nennen es »Klarabrot«. Ich denke, daß Klara ganz genau wußte, was sie damit aussagen wollte: Frauen können den lebendigen Christus genauso verkünden wie die männlichen Priester! Die Schwesterngemeinschaften und Frauenorden sagen das bis heute, daß Frauen ganz bei Christus sein können – auch ohne Männer. Das klingt wie radikaler Feminismus, oder? Die eigentliche Bedeutung des Zölibats ist ja die, daß man vor Gott ganz und heil leben kann, ohne eine Ehe einzugehen. Aber jeder von uns weiß auch, daß das nur funktioniert, wenn man dabei reiche, ganz ehrliche und offene Beziehungen zum anderen Geschlecht hat. Und es gibt keinen Zweifel darüber, daß Franziskus und Klara füreinander ein Liebesspiegel waren. Wir nennen das die *imago amore.* Wenn wir von einem Menschen auf der einen Seite und von Gott auf der anderen Seite reden, dann können wir dabei nicht direkt von einer Seite auf die andere gehen. Mit anderen Worten, wenn wir vom Körper zum Geist gehen wollen, brauchen wir die Seele, wie wir das früher schon gesehen haben.

Ich bin sehr dankbar für die dichten Tage, die wir miteinander hatten. Ich habe gelernt, daß ich die tiefen Verletzungen, die ich mit mir herumtrage, loslassen kann, daß ich über sie weinen oder lachen kann. Und daß es Wichtigeres zu tun gibt, als an diesen Wunden zu kleben. Ich danke allen Frauen und Männern, die mir so liebevoll begegnet sind und mich mit ihrer Fürsorge und Zuneigung berührt haben, mit einem Blick oder einer Umarmung oder einem Gespräch.

Theres

Nach Gott ist er der Kutscher meiner Seele

Die *imago amore* ist das menschliche Bild einer oder eines Geliebten, welches wir brauchen, damit unser Herz geöffnet wird, ja, damit wir überhaupt verstehen, was Liebe ist. Diese/r Geliebte wird zum Weg zur Liebe Gottes. Zumindest eine Zeit lang war das Franziskus für Klara - und umgekehrt. Beide konnten von einander sagen: Weil ich dich sehe und liebe, wirst du mir zur *imago amore,* zum Fenster für die Liebe Gottes.

Einmal kam Franziskus ermüdet an einen Brunnen sprudelnden Wassers. Eine gute Weile schaute er in das klare Wasser. Dann fand er wieder zu sich und sagte freudig zu Bruder Leo: Bruder Leo, Schäfchen Gottes, was meinst du, was habe ich in den klaren Wassern des Brunnen gesehen?
La luna, Vater, die sich darin spiegelt.
Nein, Bruder, nicht die Schwester Mondsichel habe ich gesehen, sondern einen besonderen Gnadenerweis Gottes, das klare Angesicht unserer Schwester Klara, voll heiliger Freude, so daß mir alle Zweifel genommen wurden.

Für einen heterosexuellen Menschen wird die *imago amore* in der Regel, aber gewiß nicht ausschließlich jemand vom anderen Geschlecht sein. Für homosexuelle Menschen ist es wohl jemand vom eigenen Geschlecht. Aber der entscheidende Punkt ist, daß wir irgendwo, irgendwann einmal wirklich tief lieben. Sonst brechen wir nicht durch zu Gott.
Sicher kennt ihr Dantes Dichtung, die Göttliche Komödie. Dante selbst gehörte zum Dritten Orden der Franziskaner. In der Göttlichen Komödie ist Beatrice ganz klar die *imago amore* für Dante. Immer schaut er auf Beatrice und sie schaut zu Gott. Er kann gar nicht direkt zu Gott schauen, er sieht immer nur den Widerschein Gottes auf dem Gesicht von Beatrice.

Imago amore
Es gibt keine Belege dafür, daß Franziskus und Klara eine sexuelle Beziehung gehabt haben. Wenn man aber herausfinden würde, daß sie eine solche Beziehung gehabt hätten, würde mich das nicht enttäuschen oder schockieren. Ich vermute, wenn sie eine solche Beziehung gehabt hätten, hätte man diese Information nicht unterdrücken können. Er war 12 Jahre älter als sie und als sie sich das erstemal begegneten, betrachtete sie ihn eindeutig als ihren Lehrer. Ich zweifle stark daran, daß er jemals diese Rolle als ihr spiritueller Lehrer ausgenutzt oder mißbraucht hätte. Ich glaube nicht, daß er diese Grenzen verletzt hätte. Das ist meine persönliche Einschätzung. Trotzdem gab es aber ganz sicherlich sehr starke Gefühle auf seiner Seite. Wir wissen, daß er einige Jahre lang trotz ihrer Bitten nicht nach San Damiano kam, weil über sie geklatscht wurde. Wir wissen auch, daß jede Trennung schmerzlich war für beide.

Was das Zölibat allgemein betrifft, so glaube ich, daß es ein Charisma der Ehelosigkeit gibt. Charisma ist eine Gabe des heiligen Geistes. Ich denke, es ist ein Geschenk, das man nur stufenweise, schrittweise empfängt. Gottes Liebe wird »dein Genug«, aber damit kannst du nicht beginnen, wenn du neunzehn bist, wie ich als Novize. Das Problem in der katholischen Kirche ist, daß wir versuchen, ein Charisma zu institutionalisieren, das doch eigentlich ein Geschenk des Geistes ist. Das ist ein Widerspruch in sich. Man kann nicht per definitionem ein Charisma institutionalisieren. Hier schenkt die Kirche ihrem eigenen Lehrer keinen Glauben. In der Gegenbewegung dazu, der Reformation, wurde dann allerdings das Kind mit dem Bade ausgeschüttet. Ich kenne eine Menge Protestanten, Männer und Frauen, die mir sagten, ich glaube, ich bin zum Zölibat berufen. Aber meine Kirche hat dafür keinen Platz und kein Verständnis. Es gibt diesen Druck, daß man heiraten muß, und tut man es nicht, gilt man als homosexuell.

Ich finde, wenn eine bestimmte Anzahl gesunder Zölibatäre mit in einer Gemeinschaft leben, dehnt das die Freiheit enorm aus. Es nimmt die falsche Idealisierung der Ehe weg, die behauptet, es gäbe keine andere Lebensform als diese. Es ist eine Korrektur des verbreiteten Irrtums, daß ein Mann, eine Frau dich retten kann. Die Zölibatären sagen dagegen, kein Mensch kann Gott für dich sein! Wie sehr du auch deinen Ehemann, deine Ehefrau liebst - sie können nicht Gott für dich sein. Psychologisch ist der oder die Zölibatäre der Archetyp für den Eremiten, die Einsiedlerin. C.G. Jung würde sagen, er oder sie ist der Archetyp der Ganzheit im Selbst. Er ruft uns dazu, immer tiefer hineinzusteigen, um die Wahrheit zu finden, statt wie sonst immer unsere Identität in äußeren Beziehungen zu suchen. Je älter ich werde, desto mehr finde ich bei Zölibatären, die in aller Offenheit dazu stehen, eine andere Art von Freiheit. Ich zum Beispiel bin freier als viele verheiratete Männer, mit einer Frau wegzugehen. Es ist bemerkenswert: Frauen kommen in mein Haus – und keiner denkt sich was dabei. Alle wissen, sie kommen zu mir in die Seelsorge und zur spirituellen Begleitung und zur Beichte. Und ich meine, daß diese Freiheit ein Teil dieses Charismas war, wir aber diese Freiheit vergessen haben – und so schaut für uns das Zölibat aus wie etwas total Unfreies. Ich bin sicher, einige von euch leben längst in dieser Lebensform, nur habt ihr nicht den Vorteil wie ich, daß es jeder weiß und gesellschaftlich abgedeckt ist – und so ist es vielleicht viel schwerer für euch.

Viele Deutsche und Schweizer kommen ins Esalen Institut an der Westküste in Kalifornien, der Geburtsstätte von New Age, dem *Human Potential Movement* und der transpersonalen Psychologie. Ich wurde letzten Oktober nach Esalen eingeladen, um dort zu lehren. Vor zehn Jahren wäre es noch völlig undenkbar gewesen, einen katholischen Priester nach Esalen einzuladen. Sie nannten mehrere Gründe, warum ich bei ihnen lehren sollte.
Einer sagte: »Wir entdecken Tantra und irgendwie läuft es darauf hinaus, daß es eine Art säkulares Zölibat ist - keine religiöse Sache, aber doch irgendwie eine weise Entscheidung. Wir haben alle sexuellen Erfahrungen gemacht, die man machen kann, und was wir nun entdecken ist, daß ein zu schnelles sich Ausdrücken im Sexuellen genauso problematisch und sinnlos ist wie zu viel Unterdrücken. Bei beidem geht die Energie verloren. Im Idealfall sollte man als zölibatärer Mensch in der Lage sein, die Mitte zwischen beidem zu halten, so daß man sich weder überflüssigerweise im Sexuellen ausdrückt, noch daß man es unterdrückt.«

Ein Mann, verliebt in Gott

Wir können Franziskus nicht eher verstehen, bis wir seine tiefe Liebe erst zu seiner Mutter, dann zu Klara und zuletzt zu seiner geliebten Dame Armut verstehen lernen. Sie alle wurden letztendlich zur *imago amore* für Jesus. Es gibt viele Bilder, auf denen man sieht, wie Franziskus Jesus vom Kreuz nimmt. Wahrscheinlich gibt es selten so eine dramatische Geschichte eines Mannes, der so absolut verliebt ist in Jesus Christus wie Franziskus. Wir dürfen das nicht herunterspielen oder verwässern - so war Franziskus wirklich! Für diejenigen unter uns, die immer wieder die Frage nach Jesus Christus stellen, gilt sicher dies: Welchen Weg wir auch eingeschlagen haben, letztendlich bleibt Jesus, sein Herz, seine Person die absolute *imago amore,* welche uns zu Gott führt. Jesus ist die Offenbarung des Herzens Gottes. Wenn wir das nicht glauben können, sind wir keine Christen, egal in welche Kirche wir gehen. Ich weiß, das klingt hart, aber darum herum kommen wir nicht.
Viele Menschen versuchen nun aber auch ohne *imago amore,* sozusagen im Schnellzug, zu Jesus zu kommen. Plötzlich stehen sie in der Kirche und sagen: Ich liebe Jesus. Aber normalerweise müssen uns auf unserem Weg andere *imago*-

nes amore begegnet sein, bevor wir das wirklich sagen können. Oft rate ich den Leuten, daß sie erst einmal lernen sollten, einen Stein zu lieben. Wenn ihr nicht einen Stein lieben könnt, wie wollt ihr dann Jesus lieben lernen? Vielleicht müßt ihr auch zuerst etwas ganz anderes lieben lernen, aber immer geht es darum, daß ihr euch quasi »in ecstasis« um etwas ganz außerhalb von euch kümmert. Das kann bedeuten, daß man zuerst lernt, Wolken, Berge, Wälder oder ähnliches zulieben.

Das fällt den meisten noch ziemlich leicht, denn diese Dinge haben noch keine Erwartungen an uns und fordern uns auch noch nicht groß heraus. Das nennen wir Naturmystik. Viele von euch haben sicher Zeffirellis wunderbaren Franziskus-Film »Bruder Sonne, Schwester Mond« gesehen. Der Film zeigt das Leben des jungen Franziskus bis etwa 1210 und stellt Franziskus vor allem als *Naturmystiker* dar. Das ist in Ordnung so, aber eben doch sehr einseitig. Offensichtlich ist es furchtbar schwer, jemanden darzustellen, der *Jesus* liebt. Manchmal glaube ich, es ist vor allem im Film fast unmöglich.

Der Schleier der Wahrheit

Ganz wichtig erscheint mir, daß wir erkennen, daß große Wahrheiten immer einen Schleier tragen. Wir können sie nicht direkt berühren, nicht direkt darüber sprechen, sie sind zu mächtig. Deshalb kommt die Sprache der Poesie der religiösen Wahrheit auch viel näher als die Prosa. Alle wahre Religion ist Metapher, ist Ab-Bild. Das ist der Schleier der Wahrheit. Und deshalb ist es fast unmöglich, einen wirklich guten religiösen Film zu drehen.

Bei uns in Amerika zeigen sie regelmäßig zur Osterzeit allerhand Jesus-Filme. Aber die meisten davon sind wörtlich gedreht, im Stil von Sonntagsschulbilderbüchern oder sentimentalen Bibelillustrationen: Da sieht man den blonden, sanften Jesus, der mit den kleinen Kindern spielt. Da ist der Schleier weg, und keine Wahrheit steckt mehr darin. Das ist wie der der Versuch, im Schnellzug zu Jesus zu kommen. Wir aber müssen zuerst durch die Natur gehen. Das ist der erste Schritt.

Dann lernen wir als zweiten Schritt hoffentlich *einen* Menschen wahrhaftig zu lieben. Normalerweise genügt es nicht, einfach die ganze Menschheit zu lieben. Um alle und alles lieben zu können, muß man erst lernen, *einen* Menschen wirk-

lich gut und tief zu lieben. Liebe ist immer konkret und spezifisch. Es ist Selbstbetrug, wenn man sagt: Ich liebe die ganze Menschheit – nur meine eigene Frau, meinen eigenen Vater kann ich nicht ausstehen. Erinnert euch, wie Franziskus seinem zornigen Vater begegnet ist! Der Anfang unserer Liebe ist immer konkret, danach wird sie sich erweitern und irgendwann einmal werden wir auch die *Wahrheit* lieben können.

Das *Gute,* das *Wahrhaftige* und das *Schöne* sollten wir auf unserem Weg lieben lernen. Wenn wir diese drei nicht lieben können, dann wird der Jesus, dem wir zu begegnen meinen, nicht der wahre Jesus sein. Das geht so weit, daß manche Menschen zwar sagen, sie lieben Jesus, aber sie können das Schöne nicht lieben. Andere wiederum lieben Jesus, können aber mit der Wahrhaftigkeit und mit dem Guten nichts anfangen.

Einigen von euch habe ich erzählt, daß in den letzten fünf Jahren etwa bei uns in Amerika das Adjektiv »christlich« auf viele nur noch negativ wirkt. In den Augen vieler bedeutet »christlich« sein so viel wie antiintellektuell, ahistorisch, individualistisch und ignorant zu sein. Viele »Christen« in Amerika haben dazu beigetragen, daß man bei uns sagt, das sind dumme Leute, die ihr Herz und ihren Körper nicht integrieren und die Angst vor ihrem Kopf haben, aber immer wieder betonen, daß sie ja Jesus so sehr lieben! Das ist die absolute Häresie.

Im Grunde kann man die Reise in die eigene Menschwerdung nicht weglassen. Diese Reise wird wahrscheinlich drei Viertel unseres ganzen Lebens ausmachen und am Ende wird es Gnade sein, wenn wir sagen können: Jesus ist mein Geliebter. Er reflektiert mein Herz vor Gott am besten. Und wenn dieser Jesus das Herz Gottes wirklich am besten reflektiert, dann vertraue ich Gott! Dann ist Gott wahrhaftig gut!

Die Reise in die Menschwerdung

Oft haben wir Jesus zum *Ziel* unseres Prozesses gemacht, obschon ihn das Neue Testament als den *Weg* verkündet (»Ich bin der Weg, die Wahrheit und das Leben; niemand kommt zum Vater denn durch mich.« Johannes 14,6). So wie im Buddhismus Buddha. Er selbst ist nicht Gott, wie wir ja wissen, sondern das Bildnis, bei dem die Buddhisten sagen: Was für ein Frieden! Das ist *imago amore,* eine Methaper, durch die die Menschen zu Gott finden.

Für uns Christen ist Jesus aber nicht nur ein Bildnis, sondern auch eine historische Person. Deshalb bedeutet, diese historische Person zu lieben auch, mit der Geschichte, mit der Gesellschaft, mit anderen Menschen in Beziehung zu stehen. Religion ist nicht einfach etwas, das im luftleeren Raum oder nur als Gedankengebäude stattfindet, sondern sie ist Fleischwerdung – Inkarnation. Wenn man den fleischgewordenen Mensch Jesus wirklich trifft, dann kann man auch der weiteren Reise zu Gott, dem ganz anderen, trauen. Dann hat man seine Füße auf festem Boden und nicht auf Sand gebaut. Man muß mit beiden Beinen fest auf der Erde stehen, damit man seine Arme nach oben zum Himmel hin ausstrecken kann. Ich denke, das ist es, was Jesus gelehrt und was Franziskus in der Nachfolge Jesu gelebt hat.

Wenn wir an der *imago amore* festhalten, bewahren wir uns davor, aus dem Leben von Franziskus eine weitere rührselig-fromme Story eines mittelalterlichen Heiligen zu machen. Nur so können wir Franziskus als einen Mann sehen, der seine Reise über die Natur zur Seele, zur wahren *imago amore* zu Jesus findet. Mit diesem Jesus ist er in tiefer hingebender Liebe verbunden und er wird ihm zum lebendigen Weg hin zu Gott selbst.

Ich möchte sagen, wie es mir auf dieser Reise gegangen ist und was ich mitnehme. Auf der einen Seite ist es die Herzlichkeit, die ich hier erlebt habe; das andere ist, daß ich merke, daß ich Führung brauche in meinem Leben. Und ich weiß, daß es intuitive Führer gibt, so wie der Franziskus und der Nikolaus von Flüe das für mich sind. Aber es ist nicht ganz leicht so mit ihnen in Berührung zu kommen, daß es ein spiritueller Einklang wird. Aber nach dieser Reise werde ich ihre Texte sicher mit anderen Augen lesen, weil ich nun erfahren habe, was Inkarnation, Fleischwerdung ist.
Meditieren konnte ich erst gar nicht, aber ich haber nun ganz gut hineingefunden und ich werde versuchen, das mit in meinen Alltag zu nehmen.

Urs

Wenn ich schweige, entkomme ich nicht meinem Gewissen

Kurze Zeit, nachdem Klara der Gemeinschaft beigetreten war und dem Orden einige Hundert Menschen angehörten, wurde Franziskus bewußt, wie viele Christen immer wieder durch Europa und ins Heilige Land zogen, um an Kreuzzügen teilzunehmen. So entschied er sich etwa zwischen 1213 und 1214 in die islamische Welt zu ziehen - aber auf einem anderen Weg. Von Süditalien aus besteigt er ein Schiff, um nach Marokko zu reisen. Er will dort zu den Muselmanen predigen. Aber er kommt nur bis Spanien und muß seine Reise unterbrechen, weil er sehr krank wird. Sechs Jahre später, im Jahr 1219, ist die große Pfingstaussendung des Ordens. Viele Brüder gingen ins Ausland, nach Frankreich, Spanien, Deutschland, Ungarn und Marokko, um zu missionieren.

Franziskus schiffte sich wieder von Ancona aus in den Orient ein. In Palästina bekam er Zutritt zum Lager des Sultans von Ägypten. Der Name des Sultans war Malik-al-Khamil, er regierte von 1218 bis 1238. Franziskus predigte in Damiette vor ihm und wollte ihn überzeugen, daß Christen gute Menschen sind und daß ihr Gott ein guter Gott ist; für den Sultan war das natürlich sehr schwer zu glauben, weil bisher alles, was er an Christen getroffen hatte, Kreuzfahrer gewesen waren, die gekommen waren, um zu töten.

Diese Begegnung zwischen Franziskus und Malik-al-Khamil ist ein für die damalige Zeit außergewöhnliches Beispiel für einen interreligiösen Dialog. Franziskus muß in seiner höflichen Art dem Sultan Eindruck gemacht haben, denn dieser meinte, er könne zwar die christliche Religion und ihren Gott nicht akzeptieren, aber Franziskus gefalle ihm.

Auch wenn Franziskus damals beim Sultan wenig erreichte, so ist doch bis heute der christlich-islamische Dialog ein wichtiges Element der franziskanischen Tradition. Wir haben viele Franziskaner, die den Islam studieren. Und wahrscheinlich ist es in unserer heutigen Zeit besonders wichtig, die Verbindung zwischen uns und der islamischen Welt wieder zu entdecken. Die ersten franziskanischen Missionare, die nach Marokko kamen, wurden umgebracht. Sie waren die ersten Märtyrer des Ordens. Aber wer weiß? Vielleicht kamen sie mit einer gewissen Arroganz zu den Menschen, etwa in der Haltung: »Wir haben recht und ihr seid im Irrtum!« Auf jeden Fall ging Franzis-kus selbst nicht mit solch einer Haltung umher.

Ein Korb Fische und ein Tag im August

Als Klara zum Orden kam und nun in San Damiano wohnte, brauchten die Brüder ein neues Zuhause. Alle Felder dort, wo die Portiuncula von Franziskus stand, gehörten den Benediktinern. Wie ihr wißt, heißt Portiuncula »Portiönchen«, es ist also ein kleiner Teil dieses Feldes. Franziskus fragte damals, ob er ein kleines Stück dieses Feldes haben dürfe, daher der Name. Und weil er ja nichts hatte, um es zu bezahlen, gab er den Benediktinern dafür einen Korb Fische. Das war eine Art Pacht, denn er wollte ja nichts besitzen. Ich habe gehört, daß noch heute jedes Jahr am 2. August, dem Portiunculafest, die Franziskaner mit ihren Fischkörben in die Stadt Assisi kommen, um den Benediktinern den Pachtzins für das kleine Stückchen Land zu bezahlen. Aber ich bin mir sicher, daß wir die Sache mit der Pacht schnell vergessen würden, wenn die Benediktiner einmal ihr Feld zurückhaben wollten. Da würden selbst wir Franziskaner darauf bestehen, daß es uns gehört!

Für die Protestanten unter euch könnte noch etwas anderes interessant sein. Das ist der » Große Ablaß von Portiuncula«, der Franziskus mit der verhängnisvollen katholischen Ablaßtradition verbindet, gegen die dann die Reformatoren protestiert haben.

Franziskus hatte so viel Segen und Gnade in Portiuncula empfangen, daß er es ganz besonders liebte. Und so bat er 1216 bei einem Besuch in Perugia den Papst Honorius III., er solle allen bußfertigen Menschen sagen, daß auch sie bei einem Besuch in Portiuncula diese wunderbaren Segnungen empfangen könnten und ganz ohne Geldspende von allen ihren Sünden freigesprochen seien.

Als der Papst ihm diese Bitte erfüllte, protestierten sofort seine Kardinäle, weil sie dieses Privileg nur für ihre Ablässe zur Finanzierung des Kreuzzuges haben wollten. Für die Teilnahme an einem Kreuzzug bekam man nämlich den vollkommenen Ablaß von allen Sünden! Der Papst war also ziemlich in Bedrängnis und so machte er eine Einschränkung. Dieser Ablaß gilt nur für einen einzigen Tag im ganzen Jahr. »Wenn sie am 2. August nach Portiuncula pilgern, dann können wir ihnen versichern, daß auch sie die Gnade und die Segnungen empfangen werden, die du empfangen hast.«

Die dann kamen, um unser Leben mit uns zu teilen, gaben alles, was sie besaßen, den Armen. Sie waren zufrieden, nur eine einzige Kutte zu haben, von außen und innen geflickt, mit einem bloßen Strick und den Beinkleidern – mehr wollten wir nicht… Wir hielten ungerne in armen verlassenen Kirchen. Und wir waren ungelehrt und jedem untertan.

Franziskus in seinem Testament

Der hängende Mann

Bereits 1217 wurden nach dem Pfingstfest in Portiuncula viele Brüder zur Mission ausgesandt, über die Alpen nach Norden in die Schweiz, nach Frankreich, Deutschland, England und Irland, aber auch nach Tunesien und Syrien. Es ist erstaunlich, wie rasch sich die Bewegung ausbreitete. Einmal im Jahr trafen sie sich dann alle wieder am 2. August in Portiuncula zu einem Generalkapitel. 1219 waren es etwa 5000 Brüder. Und weil das einzige Gebäude die kleine Portiuncula-Kirche war, übernachteten sie auf Strohmatten unter freiem Himmel, daher der Name Matten-Kapitel (Treffen).

Schon damals merkt Franziskus, wie schwer es ist, die Bewegung zusammenzuhalten, die über seine ursprüngliche Idee hinaus geht. So viele Männer können nicht mehr in dieser Radikalität leben wie er es tut. Ihn beschleicht eine große Unsicherheit, ob er Gott noch treu ist oder ob er zu hart mit seinen Brüdern ist. Diese Zeit wird für ihn zu seiner dunklen Nacht der Seele, wo er durch große Zweifel geht und von Selbstkritik und Selbsthaß geplagt wird. Trotzdem weiß er,

Eine Pilgerreise?!

Wie erklär'ich das meinem Sohn, meiner Tochter, meinem Nächsten? Gott sei Dank, der Werner und der Bruno werden dabei sein - die sind so normal wie ich. Sicher handelt es sich bei den anderen ansonsten um bleiche, schmale und fade Gestalten, die mit ihrer Frömmigkeit die Scheinheiligkeit erfunden haben…
Trotzdem stehe ich tapfer am Abreisetag als erste am Busparkplatz und bin mir darüber klar: Diese Suppe habe ich mir eingebrockt und werde sie auch auslöffeln. Ja, und das hab' ich auf dieser Pilgerreise dann auch gründlich gemacht - und zwar so sehr, daß ich selbst zur Suppe wurde, darin badete. Und diese Essenz hat bei mir alte, ängstliche Rückstände aufgeweicht und ich konnte unerklärlich entspannen. Es war jedoch nicht nur eitel Freude und Harmonie, denn es hat mich als zünftige VIER gepackt, geschüttelt, konfrontiert und entwaffnet. ebenso unerklärlich wurden alle Aspekte, die mir begegneten - Menschen, Situationen, Worte, Schweigen - zu einem imago amore, das uns ermöglicht, über das Wesen die Wahrheit zu erkennen.
Franziskus war für mich eine unbekannte Heiligengröße, abgesehen davon, daß er mit den Tieren sprechen konnte. Nicht anders war es mit Nikolaus von Flüe, von welchem ich vermutete, daß er wohl etwas mit unserem »Samichlaus« zu tun habe.
Nach der Abfahrt führte uns der Bus - mit einer farbigen Schar von interesssanten Gesichtern - zu diesem Nikolaus. Seine Geschichte, die uns in der grüftelig kalten Stube seines Wohnhauses »nähergebracht« wurde, hinterließ bei mir eher Frösteln. Und so war ich froh, daß ich hinaus in die Sonne und den Weg hinunter zu seiner Klause unter die Füße nehmen durfte. Die Kapelle war klein und etwas eng für uns alle, doch Richard war groß und weit und öffnete die Mauern der Abgeschiedenheit mit seinen schlichten, liebenden Worten.
Vor der Kapelle, da war es schon wieder! Ein fleischfarbenes, schmerzliches Kruzifix erschreckte mich und ich wandte mich suchend weiter. Ich versuchte, die heiligen Sprüche am Weg in ihrer Sinnhaftigkeit zu begreifen, um wenigstens etwas Frömmigkeit in mir wahrzunehmen. Aber auch das mißlang. Ich irrte weiter und wurde so an eine blühende Magerwiese geführt. Das Rauschen des Baches, Grillengezirp und Vogelgesang beteiligten sich an diesem Augenblick und umhüllten und beruhigten mich. In diesem Moment wurde mir klar, daß dieser Augenblick der einzige zeitlose Zeuge von Nikolaus war, ist und ewig sein wird. Kruzifixe und Kapellen sind zwar vergangene Manifestationen, die uns in heilige Schwingungen bringen können, aber sie verführen uns auch dazu, den ewigen Nikolaus in uns zu vergessen und abzuspalten.
Mir wurde rebellisch klar, daß ich auf dieser Reise die wahre Essenz des Heiligen erfahren wollte. Und ich beschloß: Sollte das nicht gelingen, würde ich das nicht mitmachen, sondern mich lieber der Pilgeraktion verweigern und in Assisi meine eigenen Wege gehen.
Meine rebellische Haltung wurde mir etappenweise abgewöhnt. Zwar kam sie hin und wieder an die Oberfläche, als wir zum Beispiel in der gewaltigen Kathedrale Santa Maria degli Angeli das winzige und bescheidene Portiuncula-Kapellchen bewunderten, welches Franz auf Gottes Wunsch wieder aufgebaut hatte. Auch Franz hat diese pulsierende Essenz als Vorbild gelebt und ewig vermittelt. Doch hat rasch nach ihm wieder menschlicher Größenwahn und Unverständnis versucht, prunkvolle architektonische Gefäße zu errichten, um darin die Wahrheit zu stauen und zu kultivieren. Doch gerade die sichtbare Bescheidenheit innerhalb des heiligen Prunkes hat diese Bestrebungen zu einer etwas lächerlichen Farce gemacht. Ich konnte mich auch damit versöhnen, als mir klar wurde, daß es wichtig ist, eine solche Farce zu erkennen und zu benennen. So hilft sie mit, den wahrhaftigen Lebensimpuls noch stärker ins Bewußtsein zu bringen.
Lachen und Weinen, Diskutieren und Lernen bestimmte die Tage in Assisi. Gegen Ende unseres Aufenthaltes zog ich mich beim Gottesdienst in die hinterste Ecke der Kapelle zurück. Was ich da »zwischen den Zeilen las« und spürte, löste in mir den Schmerz eines angstvollen Frauseins aus. Tränengeschüttelt glaubte ich, hier für den Schmerz aller Frauen zu leiden. Ein ganz junges, scheues Mädchen

saß hilflos neben mir. Ich fühlte mich so sehr mit ihr verbunden und nahm sie in die Arme. Ich glaube, ich habe auch für sie geweint. Obwohl ich mich mit dieser Trauer angstvoll versteckt hatte, stand dann plötzlich der Mann vor mir, der mir kurz zuvor gesagt hatte, daß ich in diesen wenigen Tagen meine spitzen Dornen verloren hätte. Er hielt mich fest. Ein verletztes Kind, das 46 Jahre lang den schmerzlichen Versuch gemacht hatte, angstfrei Frau zu sein, wurde nun getröstet und umhül't von liebender und vertrauenswürdiger männlicher Energie.

Von diesem Moment an trug ich mein Bauchtäschchen, mit dem ich mich immer »gegürtet« hatte, in der Hand. Ich brauchte diesen Schutz nicht mehr und konnte mir trotzdem erlauben, Frau zu sein.

Ich danke nicht nur Franziskus und Richard Rohr, ich danke allen Suchenden, die dabei waren, weil ich weiß, das Heilige war ja immer in uns und unter uns. Wir alle waren mit unserer Sehnsucht nach Wahrheit Teile von Franz - und wurden darum zum imago amore!

Helen

daß er einen Auftrag von Gott hat. Ich bin überzeugt, daß es auch in unserem spirituellen Leben ähnliche Erfahrungen gibt. In der Esoterik kennt man das Bild vom *hanging man,* dem kopfunter hängenden Mann, der sich in einem Dilemma ohne Ausweg befindet. Es ist der Ort, wo man nicht mehr weiß, ob man auf dem richtigen Weg ist. Es ist eine Zeit, in der man keinen inneren Trost empfängt. Durch solche Zeiten lernen wir, ganz auf Gott zu vertrauen und nicht mehr auf unsere Illusionen und Pseudosicherheiten.

Der Herr wird nicht geliebt! Der Herr wird nicht geliebt!
Gestern haben wir in der Kapelle den weinenden Franziskus gesehen. Diese Traurigkeit bestimmt weitgehend die letzten zehn Jahre seines Lebens. Im Jahr 1220 wird ihm klar, daß er die ganze Bewegung nicht mehr lenken kann und so tritt er die Leitung an den Bruder Pietro ab. Er sagte den Brüdern, daß nun der Heilige Geist ihr Führer sei. Die Frage nach der Leitung und Struktur des Ordens setzte ihn furchtbar unter Druck.

Innerlich und äußerlich, am Körper und Geist fühlte er sich stark verwirrt, so daß er die Gemeinschaft der Brüder mied; denn wegen der Versuchung konnte er nicht das übliche Lächeln zeigen.Durch Essensentzug und Schweigen tötete er sich ab. Im Wald bei Portiuncula verbarg er sich, um zu beten. Hier konnte er sich seinem Schmerz hingeben und vor dem Herrn heiße Tränen weinen, damit ihm der Herr, der alles vermag, vom Himmel her eine Arznei für sein Leid schickte. Mehr als zwei Jahre wurde er bei Tag und bei Nacht von dieser Versuchung gepeinigt. (Spiegel der Vollkommenheit 99)

Franziskus hatte immer ein großes Mißtrauen gegenüber Hierarchien. Die unter Ordensleuten üblichen Titel und Ränge hat er für seine Gemeinschaft auf den Kopf gestellt. Zum Beispiel war in der Benediktinertradition der Abt das Oberhaupt des Klosters. Franziskus dagegen sagte, daß man ihn nicht Abt, sondern Diener nennen solle. Ein Abt habe seinen Brüdern zu dienen und nicht über sie zu herrschen. Außerdem gibt es in der monastischen Tradition unter dem Abt den Prior, den Stellvertreter des Abtes. Franziskus taufte ihn in Custor um, was soviel bedeutet wie Beschützer der Gemeinschaft.

Die Steineiche von Carceri

*Wieder blüht er, ihr Baum,
prächtig, vollbehängt, duftend -
mehr denn je in diesem Jahr:
Komm, schau doch, wie er blüht -
er lebt noch immer!*

*Der Stamm zerbrochen und gespalten,
vielleicht einst vom Blitz zerschlagen,
die Wunden jetzt vernarbt.
Eisenringe halten die Stücke zusammen,
Stahlseile verankern im Fels -
grausam invalid
nichts von makellos und unversehrt.
Sich anlehnen scheint nicht schwer
zu fallen.*

*Ich bin berührt ob so viel Nacktheit.
Wer sagt denn, Leben wäre so
nicht möglich.
Wider die Resignation.*

*Danke Schwester,
für deinen Lieblingsbaum:
Schau nur, wie schön er blüht
in diesem Jahr!*

Katharina

Spiritualität und Macht

Franziskus wollte sein Leben lang, daß wir eine Bruderschaft und keine Hierarchie seien. Für das 13. Jahrhundert war das eine ungeheuerliche Vorstellung! Die römischen Kardinäle wollten aus dem Laien Franziskus immer einen Priester machen und ihn so ins System einpassen. Aber Franziskus sagte seinen Brüdern immer, daß sie keine Priester werden sollten, denn wenn man Priester wird, ist man schon bald ein Teil des Establishments. Diesen Rat haben wir vergessen. Als ich Franziskaner wurde, erwartete man ganz selbstverständlich, daß ich auch Priester würde.

Ich glaube, daß Franziskus ein äußerst gutes Gespür für Macht und Machtmißbrauch hatte. In all seinen Reden verwendet er das Wort Macht nur ein einziges Mal. Und da sagt er, daß wir niemals Macht haben sollen! Bevor man das nicht begreift, versteht man die ganze Grundlage seiner Armut nicht. Denn Armut war für ihn Machtlosigkeit. Für ihn war es der große Verrat der Kirche am Evangelium, daß sie andauernd Positionen der Macht und nicht der Macht-losigkeit einnahm. Dehalb sagt Leonardo Boff, mein franziskanischer Bruder, daß die Befreiungstheologie hier in Assisi ihren Anfang genommen hat. Das Herz der Befreiungstheologie hat man dann berührt, wenn man die Geschichte nicht mehr vom Standpunkt der Sieger, sondern vom Standpunkt der Opfer aus betrachtet. Das ist die Umkehrung aller Werte.

Franziskus tritt nicht im Zentrum der Macht, sondern an der Peripherie auf... Von der Peripherie aus beginnt er, zum Zentrum zu sprechen und zur Umkehr zu mahnen. An der Peripherie standen die großen Propheten auf, wurden Erneuerungsbewegungen geboren, und dort weht der Geist. Der Peripherie kommt deshalb ein theologisches Privileg zu, weil hier der Sohn Gottes geboren wurde.

Leonardo Boff

Aber bevor wir nun alle wütend werden auf die Kirche, sollten wir uns daran erinnern, daß die Kirche in erster Linie unsere menschlichen Leidenschaften spiegelt. Ihr und ich - wir alle suchen meistens Macht und nicht Machtlosigkeit, das ist ganz normal. Die meisten von uns wollen einen respektablen Beruf, ein gutes Image, eine abgesicherte Position in dieser Welt. Das ist unsere menschliche Natur, so ist unser Ego. Hier merkt ihr wieder, wie Jesus, Franziskus oder Niklaus von Flüe, in ihrer ganzen Haltung im Widerspruch zur gerade herrschenden Kultur stehen. Sie alle haben diesem Egospiel um Macht und Ansehen widerstanden. Ihr werdet staunen, aber die gefährlichste Form von Macht ist wahrscheinlich die spirituelle Macht! Wenn man so wie ich gerade jetzt in der Position des geistlichen Lehrers steht, ist das das Allergefährlichste für mein Ego, mein Selbstbild. Vor euch zu stehen und so zu reden, als wäre ich ein weiser Mann, euer Guru, der alles weiß und versteht, das ist sehr gefährlich. Aus diesem

Grund ist es für mich auch sehr gut, ein Franziskaner zu sein. Im Orden bin ich nichts besonderes unter den Brüdern, ich bin einfach nur einer von ihnen. Darum muß es für euch alle wenigstens einen Ort geben, wo ihr nicht mehr seid wie alle anderen auch. Wo man euch daran erinnert, daß ihr genau wie alle anderen die Hosen runterlassen müßt. Wer in einer geistlichen Leitungsposition steht, sollte sich immer wieder unter eine andere Autorität stellen. Wir brauchen Menschen, die frei sind und die Vollmacht haben, uns ins Gesicht zu sagen: Was du da machst, ist die totale Scheiße! Du bist nichts Besonderes! Komm runter von deinem Sockel!

Nichts bläht das Ego so sehr auf wie Spiritualität. Ein guter Zen-Meister etwa läßt in der Regel niemanden unter 35 zu einem spirituellen Studium zu. Auch C.G. Jung hatte dieselbe Altersgrenze für sein Institut in Zürich festgelegt. Beide haben die gleiche Begründung dafür: Ein junger Mensch unter 35 wird Spiritualität benutzen, um von der Erde abzuheben und läuft Gefahr, ein geistlicher Schwärmer zu werden.

In meinen Männerseminaren betone ich immer wieder, daß alle Kulturen irgendeine Form von Initiationsriten kennen, bei denen der Mann oft eine rituelle Demütigung erlebt. Das ist oft mit körperlichen Schmerzen verbunden, wie zum Beispiel bei der Beschneidung. Ein Mann muß herabsteigen, damit er die Weisheit verstehen lernt. Man kann Franziskus nicht verstehen, wenn man nicht sieht, daß er seine Brüder und Schwestern dieses Heruntersteigen lehrt und sie so mit ihren Schattenseiten konfrontiert.

Ich glaube, Frauen lernen das vor allem durch ihren Körper, bei der Menstruation, während der Schwangerschaft, bei der Geburt. Sie müssen viel öfter als wir Männer tief hineingehen in ihren Körper.

Die Männer dagegen gehen immer aufwärts statt abwärts. Bis zu heutigen Tag können Männer, die sich für den Dienst in der Kirche vorbereiten, jahrelang an die Universität rennen und ausschließlich Wissen in ihre Köpfe stopfen und akademischen Titeln nachlaufen. Sie verwechseln ihr Wissen mit Geist. Franziskus hatte ziemliche Vorbehalte gegenüber dem Intellektualismus, weil ihm klar war, daß da viel zu viel nur über den Kopf läuft. Er polemisierte gegen die Universität in Bologna und wollte nicht, daß Franziskaner dort studierten - sie sollten nicht zum Establishment gehören.

Ich sage nicht, daß Franziskus damit die einzige Wahrheit verkündete, aber er war auch darin ein Prophet mit einer radikalen Haltung. Er wollte uns wieder in die Mitte, in die Balance bringen, indem er ganz extrem die entgegengesetzte Haltung vorlebte. Er lebte von unten, nicht von oben. Ein Prophet ist zwingend ein Exzentriker, damit wir uns daran reiben und merken, worum es überhaupt geht. In einem späteren Stadium seines Lebens wurde er das, was wir einen »heiligen Narren« nennen. In vielen großen Religionen sind die Propheten in ihrer höchsten Form heilige Narren. Sie haben die Welt der inneren Paradoxe so weit durchmessen, daß sie das, was wir in der äußeren Welt unter Sinn verstehen, nur lächerlich machen können.

Jede Gemeinschaft hat ihren Verräter

Im Jahr 1221, als Franziskus von der Ordensleitung zurücktrat, übernahm erst Bruder Pietro und nach dessen Tod dann Bruder Elias von Cortona das Leitungsamt. In der Geschichte der Franziskaner ist Elias vergleichbar mit Judas Ischariot im Christentum. Es sieht so aus, als ob jede historische Bewegung ihren Bösewicht, ihren Verräter hat. Als Elias die Ordensführung übernimmt, gehören bereits einige tausend Männer zur franziskanischen Bewegung. Franziskus selbst ist so prophetisch und radikal unrealistisch, daß man beim Pfingstkapitel einen Mann wählt, der total pragmatisch ist. Elias liebte Franziskus, aber er sagte zu ihm: »Wir sind jetzt bald 6000 Männer. Wir können nicht mehr alle nach Assisi in die Stadt kommen, um dort zu betteln. Jetzt schon ist alles mit Bettlern vollgestopft. Deine Idee funktioniert so nicht mehr.«

Elias wußte, daß er das tun mußte, weil sonst alles zusammengebrochen wäre. Er war es auch, der nach dem Tod von Franziskus die Zustimmung des Ordens zu dem großen Kirchenbau San Francesco gab, der 1230 fertiggestellt wurde. Wahrscheinlich war er, mit dem Enneagramm gesprochen, eine gute DREI. Aber als er starb, trug man ihn außerhalb der Stadt zu Grabe und stellte ein kleines Holzkreuz auf mit den Worten: Hier starb Elias.

Der erste Theologe

Im gleichen Jahr 1221 kam ein anderer Franziskaner, der erst vor kurzem dem Orden beigetreten war, nach Assisi. Der Portugiese Antonius. Für viele Italiener ist er *der* Heilige und Patron der Liebenden, der Ehe und Geburt und der Wiederbringer der verlorenen Dinge. Als Franziskus Antonius traf, begegnete ihm der erste Intellektuelle, dem er vertraute. Franziskus sagte über ihn, daß er einen brillianten Intellekt habe, aber daß trotzdem sein Herz regiere und sein Intellekt dem Herzen diene. So veranlaßte Franziskus, daß Antonius Theologie studieren solle und ernannte ihn zum ersten Lehrer der Theologie für die Brüdergemeinschaft. Antonius lebte im selben radikalen Geist wie Franziskus und wurde auch schon zwei Jahre nach seinem Tod 1231 kanonisiert. Wenige Jahre später bekamen die Franziskaner theologische Lehrstühle an den großen Universitäten, zum Beispiel in Paris. Die wichtigsten theologischen Lehrer waren die Franziskaner und die Dominikaner. Wir Franziskaner sind also schon sehr bald nach dem Tod von Franziskus in die intellektuelle Welt gewandert. Die Dominikaner unterrichteten vor allem die Studenten und die Franziskaner waren beauftragt, das Evangelium unter die Menschen zu bringen.

Die Spannung an der Grenze

Inzwischen war der Orden auch zahlenmäßig so stark gewachsen, daß Rom von Franziskus eine Regel verlangte. Franziskus meinte, er könne nichts besseres formulieren, als es der Herr schon getan habe. Und so stellte er als Regel 63 verschiedene Bibelstellen zusammen, die meisten aus den Evangelien von Markus, Lukas und Matthäus. Als der Papst das sah, meinte er, das sei keine Regel und auch nicht gerade neu. Dann laßt uns danach leben, meinte Franziskus, vor allem das, was Jesus über die Armut gesagt hat. Weshalb soll ich denn etwas Neues schreiben, wenn wir noch nicht einmal diese Regeln befolgt haben?

Aber er mußte eine neue Regel schreiben, das war 1223. Man merkt, daß er das gezwungenermaßen tut, und daß das neue Dokument, mit dem Rom zufriedengestellt werden soll, ihm nicht aus dem Herzen kommt. In dieser Zeit erlebt Franziskus eine starke Krise. Da ist er der »hängende Mann«. Er lebt in einer starken Spannung, aber es ist letztlich der einzige Weg, um weiter zu kommen. Er kann weder seinen eigenen Weg gehen, noch den Roms.

Wenn ich wieder der hängende Mann bin, wünsche ich mir, daß ich begreife, es ist ein Prozeß der Entwicklung des Lebens.

Inmitten dieser furchtbaren Spannung liegt der Raum, wo wir den Glauben entdecken werden. Ich bin überzeugt, daß es letztlich keinen anderen Weg als diese Spannung gibt, um wirklich weiterzuwachsen im Glauben und in der Liebe. Sonst wird Glaube und Liebe dezimiert auf etwas Romantisches. Es sieht fast so aus, als wenn uns die Kirche unfreiwillig dabei hilft, damit auf einem einzigartigen Weg zu Gott zu kommen. Nicht so, als würde sie uns den ganzen Weg leiten, sondern so, als würde sie auf der Mitte des Weges anfangen, uns zu bekämpfen - oder wir sie. Aber das solllte uns nicht sonderlich wundern. Dasselbe gilt oft auch für eine Ehe. Ehepaare sagen mir oft, daß derjenige Mensch, den sie am meisten lieben, auch derjenige ist, der einem die meisten Schmerzen bereitet. Und wie viele haben mir in diesen Tagen gesagt, daß sie die Kirche gleichzeitig lieben und hassen, und daß sie sie manchmal am liebsten für immer verlassen würden.

Franziskus hat ja gesagt zu dieser Spannung. Es ist besser, in der spannungsgeladenen Mitte zu stehen, als auf der einen Seite ein braver Junge zu sein und als ein treues Schäflein in der Kirche zu bleiben, oder auf der anderen Seite auszutreten und mit einer gewissen Arroganz »seinen eigenen« Weg zu gehen. Franziskus blieb standhaft in dieser Spannung und hat weder die eine noch die andere Seite verloren.

Schon die geographische Lage in Assisi macht euch das deutlich. Die meisten der Kirchen sind innerhalb der Stadtmauern, aber die beiden Kirchen des Franziskus stehen außerhalb der Stadt: San Damiano und Portiuncula. Er selbst lebt immer an der Grenze. Ich glaube, das ist der beste Ort, um effektiv etwas zu ändern an der Kirche. Weder ganz drinnen im Zentrum ihrer Macht, noch ganz draußen, weg von ihr. Aber das wird einen auch immer kreuzigen. So wie Jesus in Beziehung zum Judentum gelebt hat, es nie verließ, aber immer von den mächtigen Leuten bekämpft wurde, so lebte auch Franziskus in Beziehung zu seiner Kirche. Es war dieselbe Spannung an der Grenze. Letztlich wird man gekreuzigt von denen, die man liebt. In gewisser Weise können wir sagen, daß wir alle gekreuzigt werden von dem, was wir lieben.

Die Gesundheit von Franziskus litt in diesen Jahren sehr. Es ging ihm immer schlechter. Wir wissen nicht genau, welche Krankheit er hatte, aber sein Körper war in einem furchtbar desolaten Zustand. Er war fast völlig erblindet. Vor etwa

15 Jahren haben Wissenschaftler seine Gebeine untersucht und bestätigt, daß er sehr klein und völlig unterernährt war. Als es ihm so schlecht ging, wollte sich Klara um ihn kümmern und ihn pflegen. So ließ sie ihn fragen, ob er nicht nach San Damiano kommen wolle, um sich dort von den Schwestern pflegen zu lassen. Das war 1225.
Neben der Kirche in San Damiano gibt es einen kleinen Garten, wo Franziskus 50 Tage lang in einer dunklen Hütte lag. Er hatte furchtbare Augenschmerzen, sein Körper trug schon die Wundmale und außerdem plagten ihn die vielen Mäuse, die auf ihm herumliefen. All das quälte ihn schrecklich, es war ein furchtbarer Kampf für ihn, das alles auszuhalten. Und trotzdem ist es genau der Moment, wo Franziskus den Sonnengesang dichtet!

Oft wird mit Mäusen das ausgedrückt, was als Sorge, versteckter Kummer an unserer Seele nagt. Mäuse symbolisieren Angst, Angst um die zusammenzuhaltenden Substanzen unseres Lebens, unseres Geistes.

Ernst Aeppli

Bruder Sonne, Schwester Mond

Gepriesen seist du, mein Herr,
mit allen deinen Geschöpfen,
zumal dem Herrn Bruder Sonne,
denn er ist der Tag
und spendet das Licht uns durch sich.
Und er ist schön und strahlend in großem Glanz.
Dein Sinnbild trägt er, Erhabenster.

Dieses berühmte Lied ist erwiesenermaßen von ihm, im Gegensatz zu anderen Schriften, die man ihm zugeschrieben hat. Der Sonnengesang ist auch das erste Gedicht in italienischer Sprache, weil man bis zu diesem Zeitpunkt ja nur lateinisch schrieb. Franziskus war also auch für die italienische Kultur und Literatur ein wichtiger Pionier.
Mir ist noch etwas wichtig, was von vielen Übersetzern oft falsch gemacht wird. Es heißt im Italienischen nämlich nicht: »Ich preise dich, Herr, *für* Schwester Mond«, sondern es muß heißen *»durch* Schwester Mond, *durch* Bruder Wind usw.« (per sora luna, per frate vento). Hier sind wir wieder bei der *imago amore*. Durch all diese Elemente strahlt das Geheimnis Gottes hindurch. Durch die Verbrüderung mit ihnen kommt Franziskus zu Gott.

Dieses strahlende Lied entstand in einer dunklen Nacht des Körpers und der Seele. Es brach aus den Tiefen einer Existenz hervor, die - geschunden und angefochten - sich wie eine Knospe aufrichtete, die unter dichtem Blätterdach unermüdlich nach dem Licht der Sonne strebt. Der Sonnengesang ist der Ausdruck einer versöhnten Welt, die im Herzen des Franziskus Gestalt wurde... Er fühlte sich ins Reich Gottes versetzt, das ja ein Symbol ist für uneingeschränkte Versöhnung, Überwindung aller Widersprüche und größte Gemeinschaft des Menschen mit der Welt und mit Gott..

Leonardo Boff

Indem ich buchstäblich in Allem das Wirken Gottes erkenne, kann ich vielleicht Ihn erkennen?!

Was mich am meisten beeindruckt hat, ist diese Radikalität des Franziskus. Der sich im entscheidenden Augenblick seines Lebens ausgezogen hat. Und das möchte ich eigentlich auch: In diesem Sinne radikal und verrückt sein. Ich hoffe, im Alter allmählich so verrückt zu werden, um wirklich das zu tun, wovon ich überzeugt bin - das ist wirklich verrückt in unserer Gesellschaft. Ich möchte allen danken für die Energie, die jede Frau und jeder Mann hineingebracht hat und Richard für seinen Dienst und sein Bemühen, das zu tun, was er lehrt: dafür möchte ich beten und auch dafür, daß wir es alle schaffen, so kongruent zu sein.

Werner

Durch den Tod zum Leben

Dazu gehört auch der Bruder Tod. Diese Strophe hat er kurz vor seinem eigenen Tod noch angefügt. Vollkommenheit war für Franziskus die Integration des Negativen. Wenn man seine dunklen Seiten nicht integriert hat, liebt man noch nicht das Ganze, liebt man noch nicht das, was *wirklich* ist. Diese Vollkommenheit oder Ganzheit erreicht Franziskus, indem er den Tod, unseren größten Feind, wie Paulus sagt, am Ende seines Lebens integriert. Er begrüßt den Tod als seinen Bruder.

Wenn man die vielen kleinen Tode im Leben konfrontiert und sie durchschreitet, anstatt zu fliehen, weiß man, was auf der anderen Seite ist. Wer dem sein ganzes Leben lang ausgewichen ist, wird sehr viel Angst haben vor dem eigenen Tod. Alle, die im Krankenhaus oder in der Altenpflege mit Sterbenden zu tun haben, wissen das.

Nackt und eins mit der Erde

Kurz vor seinem Tod bat Franziskus, man möge ihm seine Kutte abnehmen und ihn nackt auf die Erde legen. Bis zum Ende zeigte er dieses starke Gespür für Sinnbilder und symbolische Zusammenhänge. Er hatte sich bei seiner Bekehrung nackt ausgezogen und nun tut er es am Ende seines Lebens wieder. Er war wirklich ein heiliger Extremist! Als ich gestern mit Daniel in die Kirche San Francesco wollte, schickten sie uns wieder hinaus, weil er nur kurze Hosen anhatte. Da erklärten wir ihnen, daß Franziskus schließlich sogar nackt gewesen war. Aber sie hatten dafür kein Verständnis und sagten nur, daß sie eben ihre Tradition hätten. Ich denke, Franziskus wollte mit dieser Geste am Ende seines Lebens sagen, daß der Körper gut ist. Er hat seine Scham überwunden, er kannte seinen Körper. Aber er kannte auch das Einssein mit der Erde. Seine geistliche Reise hatte ihn nicht irgendwie in die Wolken entrückt. Sie hat ihn nicht geistlich abheben lassen, sondern auf die Mutter Erde gelegt. Man könnte ihn wirklich einen »Erdvater« nennen. Die meisten Religionen sprechen von der Mutter Erde und dem Vater Gott. Bei Franziskus kommt das beides zusammen. Er liebt den Himmel, läuft aber barfuß liebend über die Erde.

Gelobt seist du,
mein Herr,
durch unsere Schwester
Mutter Erde,
die uns ernährt
und erhält,
vielfältige Frucht uns trägt
und bunte Blumen
und Kräuter.

Franziskus

Eucharistiefeier in Santa Maria degli Angeli

*Ich war aufgenommen im Kreis
trotz der vielen Wunden,
durfte weinend singen.
Es wurde an meiner Stelle gebetet,
die falschen Worte von früher
steckten noch in meinem Hals.
Vom Brot bekam ich zu essen,
es würgte,
Schmerz und Glück zugleich.
Ich reichte es weiter meinem Nachbarn
in Dankbarkeit.*

Theres

Auf der Suche nach dem heiligen Raum

Eines der letzten Worte von Franziskus am 3. Oktober 1226, dem Tage seines Todes, war: »Ich habe getan, was ich konnte, jetzt müßt ihr das Eure tun.« Wir wissen aus seinen Schriften, daß er einen großen Respekt vor der Einzigartigkeit eines jeden Menschen hatte. Franziskus erwartete nie von anderen, daß sie ihren Weg so gehen sollten, wie er es getan hatte. Das brauchen wir nicht! Wichtig ist aber, mit derselben Integrität und Leidenschaft wie Franziskus auf unsere eigene Reise zu gehen.

Ein typischer Fehler vor allem bei katholischen Christen ist immer wieder der, daß man den Heiligen verehrt und damit einen Ersatz hat für den *Weg*, den man wie der Heilige selbst gehen müßte. Das Christentum hat dasselbe mit Jesus getan. Ich sage immer, daß wir den Botschafter verehren, damit wir die Botschaft nicht leben müssen. Falsche Anbetung stellt jemanden auf ein Podest. Wahre Anbetung ist so etwas wie einander spiegeln. Man sieht in der Person, die man verehrt, einen Teil seiner eigenen Seele. Man respektiert es im Gegenüber, aber auch in der eigenen Seele.

Eine/r von euch sagte heute dasselbe über die Tränen. Man sieht in einem Raum ein Bild vom weinenden Franziskus und das gibt einem die Erlaubnis, die eigenen Tränen wahrzunehmen und zu weinen. Wann immer so ein heiliger Raum geschaffen werden kann, hat man den wahren Tempel gefunden. Der heilige Raum hat immer die Aufgabe der Verwandlung. Manchmal ist man auch in einem heiligen Raum versucht, das Geheimnis festzuhalten, zu konservieren, anstatt zuzulassen, daß der Raum uns hineinführt ins Geheimnis. So wird dann oft eine Art Museum für Geheimnisse daraus, statt ein Ort der Verwandlung. Es hat mich in diesen Tagen hier in Assisi sehr beeindruckt, wie offen ihr ward für dieses Geheimnis und daß ihr nicht nur das »Museum« angeschaut habt.

Manchmal denke ich, wir Franziskaner hier in Assisi sind die Verwalter des Feuers, aber nicht das Feuer selbst. Und natürlich stimmt das oft für alle von uns. Es ist immer einfacher, das Feuer zu betrachten, als selbst das Feuer zu sein. Wenn Christentum wirklich und echt wird, hat es immer auch eine mystische und eine politische Dimension. Immer wenn einer dieser Aspekte fehlt, endet es in einer falschen Religiosität. Der Tempelbau ist ein Symbol für Religion um der Religion willen. Man behält die Menschen in der Mitte, so daß sie weder die mystische noch die politische Seite des Evangeliums leben müssen. Ich nenne das »Kirchlichkeit«. Viele von euch waren in dieser Woche offen für die mystische Dimension. Und deswegen sind wir ja auch hierher gefahren. Ich hätte in dieser Woche aber gerne mehr Zeit gehabt, um auch über die politische Dimension zu sprechen. Es gibt eine gute Regel: Wenn eure mystischen Erfahrungen euch nicht in irgendeiner Form zur Politik führen, in konkretes Tun, dann ist alles nur Zeitverschwendung gewesen. Die Mystik hat uns dann zwar ein gutes Gefühl zu Gott gegeben, aber war im Grunde nur Selbstzweck. Auf der anderen Seite gibt es natürlich auch Menschen, die nur auf der politischen Seite leben, aber nie ihren Grund, das wahre Fundament für ihr Engagement finden. Politik, die in Mystik eingebettet und in ihr verwurzelt ist, wird immer radikal sein. Sie wird weder liberal noch konservativ sein können, sondern nur radikal. Wer diese Position eingenommen hat, wird niemandem aus diesen Lagern gefallen, weil man manchmal sehr liberal und manchmal sehr konservativ aussieht.

Die Brücke

Was ist unsere Aufgabe? Wir müssen eine Brücke bilden – mit Christus als Mitte, als dem großen Versöhner, der die Gegensätze zusammenbringt. Wann immer man zu solch einem Versöhner wird, ist man wie eine Brücke, die von beiden Seiten begehbar ist. Die auf der einen Seite werden sagen, daß du ihnen zu politisch bist, ein säkularer Humanist oder ein Kommunist oder dergleichen. So etwas hört man oft von Evangelikalen oder von Charismatikern. Ich nenne die Charismatik oft die »Babymystik«. Es ist gut, aber es ist eben nur »Baby«. Und ich mache mich nicht darüber lächerlich! Bei uns in den Staaten zum Beispiel sind viele Christen, die ich kenne und die einen sehr kreativen Dienst in ihrer Kirche tun, alle irgendwann Mitte der achtziger Jahre Charismatiker gewesen. Man kann auch Franziskus im wahrsten und tiefsten Sinne des Wortes einen Charismatiker nennen, der dann die Verbindung zur Politik herstellte.

Auf der anderen Seite werden viele Menschen, die politisch und sozial hoch entwickelt sind, einen fragen, weshalb man sich denn immer noch um dieses ganze Zeug mit Gott kümmere. Diese Menschen sind so viel falscher Religiosität begegnet, daß sie kaum noch glauben können, daß da noch irgend etwas Wahres dran sein soll. Nirgends habe ich das stärker erlebt als hier in Europa, wo über

Ich habe das Gefühl, daß ich hier wirklich etwas mit dem Herzen begriffen habe, das ich euch weitergeben möchte. Richard hat die Brücke erklärt zwischen politischem und sozialem Bereich. Und wir alle haben gespürt, wie wichtig es ist, sich auf Stille und Kontemplation, auf die Begegnung mit Gott einzulassen. Aber ich spüre ganz körperlich, daß es nicht reicht, daß ich das für mich behalte. Da ist eine große Verantwortung, das auch weiterzugeben in einem Dienst, auf den ich mich einlasse. Daß ich mich auf die Armut, auf den Schmerz und das Leiden eines anderen einlasse. Ich habe hier so sehr meine eigene Wunde gespürt. Aber plötzlich war dann auch der Satz da, durch deine Wunden sind wir geheilt. Ich weiß, daß meine eigene Wunde nicht zugehen darf, weil ich aus ihr heraus die Wunden der anderen spüren kann. Aber wenn ich meine eigenen Wunden nicht absolut sehe, sondern sie einordne in die Wunden Gottes, dann kann ich mich darauf einlassen, auch zu den anderen Menschen hinzugehen und ihre Wunden zu verbinden. Ich bin glücklich zu wissen, daß ich das in der Hospizarbeit schon tue. Es gibt einen Satz von Meister Eckhart, den möchte ich euch dalassen, damit wir verbunden bleiben und uns immer daran erinnern, Brücke zu sein. Der Satz lautet: »Wäre ein Mensch so in Verzückung, wie St. Paulus war, und wüßte einen kranken Menschen, der eines Süppleins von ihm bedürfte, ich erachtete es für weit besser, du ließest von der Verzückung ab und dientest den Bedürftigen in weit größerer Liebe.« Ich wünsche euch, daß ihr unter Gottes Schutz und seinem Segen bleibt.

Carla

Jahrhunderte hinweg so viel falsche Kirchlichkeit gelebt wurde. Traurigerweise haben nun aber viele Zeitgenossen in diesem Jahrhundert mit dem Bad auch das Kind ausgeschüttet - sie haben keinen Zugang mehr zur echten, mystischen Dimension des Christentums. Ich kann das sehr gut verstehen, aber traurig ist es doch.

Um eine Brücke zu bilden, kann man nicht in der Mitte beginnen. Man muß auf der einen oder auf der anderen Seite anfangen! Das Evangelium sagt uns, daß wir die Brücke nur bauen können, wenn wir auf der Seite der Machtlosigkeit stehen und nicht mit der Macht beginnen. Man kann also nicht starten, indem man zum Beispiel sagt, »ich bin gerettet in Jesus« oder »ich habe die Wahrheit« oder »ich gehöre zur einen wahren apostolischen katholischen Kirche« usw. Wenn man das tut, hat man sich schon von vorneherein für die Seite der Macht entschieden. Um aber Jesus, Franziskus oder all die anderen Mystiker zu verstehen, müssen wir sehen, daß sie alle eine Vorliebe für die Seite der Armut hatten. Und zwar für die innere wie für die äußere Armut. Innere Armut ist Mystik und äußere Armut heißt, politisch auf der Seite der Machtlosigkeit zu stehen. Wenn diese zwei Seiten der Armut nicht wiederentdeckt werden, habe ich keine große Hoffnung für die Erneuerung des Christentums. Warum? Wenn die mystischen und politischen Grundlagen echten Christentums nicht wieder entdeckt werden, wird es weiterhin einfach Religion um der Religion willen geben. Es spielt dann auch gar keine Rolle mehr, ob sie katholisch, protestantisch, liberal oder konservativ ist - weil ohne dieses Fundament alles *unwahr* ist.

Stellt euch die Form des Kreuzes vor, seine weit auseinanderliegenden Pole. Ich glaube, es war C.G. Jung, der sagte: Jesus war gekreuzigt im Zusammentreffen der Gegensätze. Immer wenn du versuchst, zwei Pole, zwei Gegensätze zusammenzuhalten, wirst du gekreuzigt. Deshalb weichen wir ja so gerne auf die eine oder andere Seite aus und sind lieber nur politisch oder nur mystisch. Als ich Anfang der siebziger Jahre noch in Cincinnati, in unserer Familienkommunität New Jerusalem lebte, war ich für viele dort ein großer Held und Charismatiker. Sie kommen heute zu mir und werfen mir vor: Du hast den Weg verlassen, jetzt redest du auf einmal über Politik und nicht mehr über Gott. Das ist manchmal ganz schön hart. Auch aus der Schweiz kommen solche Vorwürfe, wo man mich in einer evangelikal-konservativen Zeitschrift als falschen Propheten tituliert hat.

Auf der anderen Seite kommen auch viele politisch-soziale Aktivisten in unser Center in Albuquerque und fragen mich: Warum bist du denn immer noch in der Kirche? Das ist doch idiotisch! Was willst du denn mit all diesem mystischen Zeug? Tritt doch aus der Kirche aus!

Aber das kann nicht der Weg sein, den einen Pol auf Kosten des anderen aufzugeben. Viel zu oft haben wir das in der Kirche vergessen. Wenn du versuchst, die Brücke zu bauen, die beiden Pole, die Gegensätze zusammenzuhalten, machst du es keinem recht. Alle regen sich über dich auf.

Was wir meistens in der Kirche vorfinden, ist nicht der Weg des Kreuzes, der die Gegensätze zusammenbringt. Aber was macht man, wenn man das in der eigenen Kirche entdeckt? Man muß die Kirche mit ihren eigenen Mitteln schlagen. Dorothy Day, unsere große Aktivistin der katholischen Arbeiterbewegung in Amerika und eine radikale ACHT, hat das genau begriffen und ausgedrückt. Sie sagte: Machen wir das Orthodoxe orthodox!

Beides - das Mystische und das Politische sind immer eine Bedrohung für die Kirche, weil du sie nicht so brauchst. Wenn du deinen mystischen Weg gefunden hast oder wenn du einmal die politischen Konsequenzen aus dem Evangelium gezogen hast, kannst du sagen: Kirche, das geht in Ordnung, aber sie ist nicht mein Gott. Macht euch nur klar, warum das Judentum Jesus getötet hat. Weil er das Mystische und das Politische zusammengebracht hat, war er in seiner radikalen Freiheit eine Bedrohung für das System. Und darum haben sie ihn gekreuzigt. Das haben sie nicht ausgehalten. Den Gegensatz haben sie nicht ausgehalten. Aber Jesus hat es ausgehalten. Jesus ist nie aus dem Judentum ausgetreten, er ist als Jude gestorben! Das ist ein ewiges Muster, und genauso wiederholt es sich heute bei uns in der Kirche, etwa im Umgang mit Christen wie Leonardo Boff. Bei Leonardo habe ich einen wunderbaren Text gefunden, der uns diese andere Haltung lehrt, uns auf den mystischen Weg schickt:

Wenn du den Ruf des Geistes hörst, folge ihm und bemühe dich mit deiner ganzen Seele, mit deinem ganzen Herzen und mit all deinen Kräften, heilig zu werden.
Wenn du es aber wegen der menschlichen Schwäche nicht schaffst, heilig zu werden, dann versuche mit deiner ganzen Seele, mit deinem ganzen Herzen und mit all deinen Kräften, vollkommen zu werden.

Daß alles Gnade ist –
das soll dich bestimmen
in allem,
was du willst und erstrebst.

Franziskus

Wenn es dir aber wegen der Eitelkeit deines Lebens nicht gelingt, vollkommen zu werden, dann bemühe dich mit deiner ganzen Seele, mit deinem ganzen Herzen und mit all deinen Kräften, gut zu werden.
Wenn du es aber wegen der Nachstellungen des Bösen auch nicht fertigbringst, gut zu werden, dann strebe mit deiner ganzen Seele, mit deinem ganzen Herzen und mit all deinen Kräften danach, vernünftig zu werden.
Wenn es jedoch wegen der Last deiner Sünden schließlich weder zu einem heiligen noch zu einem vollkommenen, noch zu einem vernünftigen, noch zu einem guten Menschen reicht, dann versuche, diese Last vor Gott zu bringen, und übergib dein Leben der göttlichen Barmherzigkeit.
Wenn du dies wegen der Zärtlichkeit Gottes, der ja auch die Undankbaren und Bösen liebt, ohne Bitterkeit, in aller Demut und mit heiterem Geist tust, dann wirst du zu spüren beginnen, was es heißt, vernünftig zu sein, wirst lernen, was gut sein ist, wirst langsam danach streben, vollkommen zu werden, und wirst schließlich dich danach sehnen, heilig zu werden.
Wenn du dies alles jeden Tag mit deiner ganzen Seele, mit deinem ganzen Herzen und mit all deinen Kräften tust, dann kann ich dir versichern, daß du auf dem Weg des heiligen Franz und nicht mehr weit vom Reich Gottes bist.

Das Allerwichtigste ist immer, daß du etwas wirklich liebst. Und da fängst du an. Erst einmal müssen wir uns einer Sache ganz hingeben, uns mit all unserer Fürsorge darum kümmern, sie von ganzem Herzen lieben, um den Durchbruch zu schaffen. Gott führt seine Leute, indem er uns zum Beispiel lehrt, uns leidenschaftlich für die dritte Welt einzusetzen. Ich würde lieber mit weltlichen Leuten zusammenarbeiten, die sich mit ganzer Kraft für die dritte Welt engagieren, als mit Christen, die sich für überhaupt nichts einsetzen. Ich glaube, daß derart weltlich engagierte Menschen auch auf einem spirituellen Weg sind, auch wenn es ihnen selbst gar nicht klar ist. Und man braucht es gar nicht zu wissen. Aber zur eigenen Stärkung und Unterstützung brauchst du irgendeine Form von Basisgemeinschaft, wo du auch deinen Glauben teilen kannst. Ich glaube, das Geheimnis der Kirche ist das der Basisgemeinschaften, wo wir unseren Glauben teilen; wir dagegen haben aus der Kirche ausnahmslos einen Ort gemacht, wo wir gerne herumhängen, anstatt aus ihr einen Ort zu machen, an dem wir gegründet

sind, damit wir zurückgehen können in die Welt. Am besten ist es wohl, wenn wir mit einem Fuß fest in unserer Glaubensgemeinschaft verwurzelt sind und mit dem anderen fest in der Welt stehen. Beide lernen voneinander. Sie stehen im Dialog miteinander.

Kontemplation heißt: Prioritäten setzen

Nun möchte ich aber noch etwas über Kontemplation sagen. Viele wissen nicht, wie sie im Alltag, im Beruf, im Leben mit ihrer Familie zu echter Kontemplation kommen können. Sie haben diese große Sehnsucht in sich, aber sie wissen nicht, wie man damit umgeht.

Auch hier gilt wieder einmal das, was ich mit »konservativ anfangen« beschrieben habe. Mit konservativ meine ich: Am Anfang brauchst du Struktur und Disziplin, sonst passiert nichts. Du mußt dir eine Zeit und einen Platz für die Stille wählen und darauf achtgeben, daß sie dir nicht verloren gehen. Und das wird nie ganz überflüssig sein.

Der Bilderreichtum und der Lärm und die Anziehungskraft unserer äußeren Welt sind so überwältigend, daß sie unser Bewußtsein ständig besetzt halten und uns abhängig machen, wenn wir nicht dafür sorgen, daß wir uns innerlich gründlich reinigen. Und nach einer Weile ist dann die materielle, die äußere Welt das einzig Wirkliche für uns und die spirituelle, die innere Welt erscheint uns vielleicht wohltuend, aber auch ziemlich irreal. Und das ist das grundlegende Problem des Westens: Wir können nicht an die Realität der spirituellen Welt glauben!

Um in diese Realität hineinzuwachsen, müssen wir erst einmal einen Weg finden, unsere Überstimulation, die Reizüberflutung abzubauen. Wir müssen gar nicht alles mitmachen und wissen, was wir machen und wissen. Das meiste davon ist überflüssig und leere Neugier. Wir müssen nicht wissen, mit wem sich Michael Jackson diese Woche trifft. Aber wir haben eine ganze Medienkultur dazu entwickelt, die uns täglich mit all diesen überflüssigen Informationen versorgt und behauptet, wir müßten das alles wissen. Wen kümmert das schon! Wir sollten unsere Zeit nicht für solche Belanglosigkeiten verschwenden. Vielleicht ist es da auch gut für uns, wenn wir mehr Disziplin im Umgang mit Radio und Fernsehen entwickeln. Ich habe neulich ein sehr gutes Buch über unsere hochtechnisierte Welt gelesen, in dem man 10 gute Gründe findet, warum man nie wieder fernsehen sollte. Fernsehen hypnotisiert uns und baut unser Bewußtsein ab, nicht auf. Und es vermittelt uns den Eindruck, daß man in einer halben Stunde ein Problem lösen kann. Das ist eine völlig falsche Einstellung dem Leben gegenüber! Ich schaue auch fern, aber sehr begrenzt. Und so möchte ich euch raten, auszuwählen, Grenzen zu ziehen, euch zu beschränken. Wir müssen Prioritäten setzen und lernen, was für uns wirklich wichtig ist im Leben.

Der heilige Container

Als Amerikaner bin ich immer wieder sprachlos, wenn ich in Europa die vielen Kirchen und Kapellen und Heiligtümer sehe. Ich bin sicher, sie wurden von Leuten gebaut, die den gleichen Wunsch nach Kontemplation in ihrem Leben befriedigen wollten. Sie wollten einen Container haben, einen Platz, von dem aus sie anders auf ihr Leben schauen konnten. Und so haben sie all diese Kirchen gebaut. Auch wir müssen uns irgendeinen heiligen Raum schaffen, der zeitlich oder räumlich zu unserem Alltag gehört. Und wenn wir diesen inneren heiligen Raum betreten, lassen wir die Welt mit ihrem zweckbetonten Anspruch auf Effizienz und ihren Rollenzwängen hinter uns. Hier gibt es nichts zu tun, außer leer zu werden und zu sehen, was wirklich ist, und das ist die schwerste Sache der Welt. Wir machen den Fehler zu meinen, wir Menschen müßten immer etwas *tun*. Und so haben wir verlernt Menschen zu *sein*. Der Kontemplative kehrt zurück zur Stufe des nackten *Seins*. Väter und Mütter mit kleinen Kindern haben mir erzählt, daß sie sich morgens Zeit für die Kontemplation nehmen, bevor ihre Kinder aufwachen. Das ist bestimmt nicht leicht, aber ist eine Möglichkeit, zu dieser heiligen Viertelstunde zu kommen. Und sie wissen, wenn ich jetzt nicht diesen heiligen Raum für mich habe, gibt es bis zum Schlafengehen der Kinder keine Chance mehr dafür. Vielleicht erscheint euch auch der Gedanke an einen Altar altmodisch und furchtbar katholisch. Aber ich kenne viele unkirchliche Amerikaner, die sich in ihrem Schlafzimmer einen Altar eingerichtet haben. Dort haben sie die heiligen Symbole ihres Lebens zusammengestellt. Und es ist zu ihrem heiligen Platz geworden, wo sie die Energie all dieser Symbole wahrnehmen können. Betrachtet das einfach als eine Möglichkeit, euren heiligen Raum zu finden und zu gestalten.

In unserem Center in Albuquerque treffen wir uns jeden Morgen für zwanzig Minuten zum stillen Sitzen. Ein Gong zeigt uns den Beginn und das Ende dieser Zeit, dazwischen wird nicht gesprochen. Ich selbst lebe ja allein und habe morgens nach dem Aufstehen meine kontemplative Zeit für mich allein, fast jeden Tag. Es gibt nicht *das* Ritual, *die* magische Technik, wie man es machen muß. Es ist wieder eine Frage der bewußten Suche und Auswahl und Entscheidung - was ist *mein* ganz persönlicher Raum, der Kontemplation für mich beinhalten kann? Dabei muß man einfach kreativ sein. Manche Leute haben zum Beispiel ihr Auto als heiligen Container auf dem Weg zur Arbeit gewählt. Als ich einmal bei mir in der Haustür stand, hielt ein riesengroßer Lastwagen vor meinem Haus an. Und ein Mordskerl von Fahrer machte ein Kreuzzeichen und zog seinen Rosenkranz hervor und betete! Er hatte sein Auto zum heiligen Raum gemacht. Und ich staunte nicht schlecht und dachte, Mann, es gibt wirklich solche Leute wie ihn hier!

Offenheit für die Transzendenz

Viele von euch hier sind interessiert an der Verbindung von Spiritualität und Psychologie. Einer von euch sagte, daß Franziskus nicht nur ein tief spiritueller Mensch, sondern auch ein begnadeter Psychologe und Therapeut gewesen sein muß. Es ist ganz richtig und wichtig, daß ihr diesen Zusammenhang seht. Wenn ihr so fragen könnt, habt ihr schon die Hälfte der Antwort für euch entdeckt. Es ist so wie Jesus sagt: »Wer da sucht, wird auch finden "(Matthäus 7,8) - und ihr sucht an der richtigen Stelle!

Mein augenblicklicher Held und Lehrer in den USA ist Gerald May und ich habe den Claudius Verlag ermutigt, ein wichtiges Buch von ihm zu übersetzen, »Sehnsucht, Sucht und Gnade«. Er ist der Bruder von Rollo May und selbst Therapeut, der sich der Spiritualität zugewandt hat. Er hat die Phänomene studiert und beschreibt Gnade und Bekehrung in brillianter psychologischer Sprache ohne dabei auch nur einmal den Geist, die Spiritualität zu opfern. Er hat es jetzt zu der großen Aufgabe seines Lebens gemacht herauszufinden, welche inneren Verbindungen, aber auch welche Grenzen zwischen Psychologie und Spiritualität bestehen. Wie weit kann die Psychologie gehen? Und wann muß man loslassen und von der letzten Sprosse der Leiter springen?

Die Bilder von Laverna kann ich in mir mitnehmen und in den Carceri habe ich einen großen Frieden gespürt. An dem Nachmittag, als so viele von uns weinten, habe ich in der Basilika ein kleines Wunder erlebt. Ich sah mir die Bilder, den Boden und die Ornamente an und als ich wieder raus kam, sah ich das franziskanische Tau am Himmel, sehr leuchtend und durchscheinend! Und da hatte ich das Gefühl, der heilige Franziskus will mich so segnen und Lebewohl sagen. Das hat mich unbeschreiblich glücklich gemacht und das werde ich mein ganzes Leben nicht vergessen. Pace.

Liliane

Heutzutage ist für viele liberale und gebildete Leute Psychologie so etwas wie ihr Ersatz für Spiritualität geworden. Manche Leute meinen, alles, was ihr Inneres betrifft, sei schon Spiritualität. Aber Gerald May macht klar, daß Spiritualität etwas ganz anderes ist: Offenheit für die Transzendenz! Gerald Mays Buch ist wirklich eine gute und wahre Antwort auf eure Fragen. Und ich hoffe, daß auch seine anderen Bücher übersetzt werden. Seine Botschaft ist für unsere westliche Religion besonders wichtig. So viele unserer berühmten Theologen und Häretiker in Europa lassen sich immer wieder auf Streit ein zu Themen wie Papismus oder Autorität. Er dagegen kümmert sich gar nicht darum! Er geht einfach zurück zu den Grundlagen, zum Fundament. Und darauf kommt es an!
Verschwendet nicht eure Zeit, um gegen das System zu kämpfen. Das ist Energieverschwendung. Die Lehre der Gewaltlosigkeit lautet: Mit einem Frontalangriff gegen das Böse wirst du nie gewinnen. Niemals. Wenn du etwas bekämpfst, übernimmst du seine Energie und wirst wie es. Wenn du einem guten Lehrer folgen willst, dann folge keinem, der noch mit den Zähnen knirscht und der ganz offensichtlich in seinem Inneren Groll gegen jemanden hegt oder sich über etwas ärgert. Verschwende deine Zeit nicht mit Ärger. Es gibt zum Glück Leute wie Gerald May, denen man trauen kann, weil sie sich mit den wirklich grundlegenden Fundamenten echter Kontemplation auskennen. May nennt seinen Ansatz kontemplative Psychologie.

Die Angst vor dem Grenzenlosen

Viele begegnen ihrer eigenen Angst, sobald sie sich auf den kontemplativen Prozeß einlassen. Das sollte euch nicht erschrecken, denn es zeigt, daß man auf einem guten Weg ist. Wenn du in die Dunkelheit hineingehst, macht das Angst. Es ist ein Gefühl ohne Grenzen zu sein, ohne Kontrolle, ohne Rolle, ohne Identität. Das ist die Angst die du fühlst, sie ist kontur-los, grenzen-los. Und weil uns das soviel Angst macht, springen wir schnell wieder zurück in eingeübte Rituale und sprechen lieber ein Ave Maria oder etwas ähnliches, weil wir das Grenzenlose nicht aushalten können. Natürlich ist das in Ordnung, aber es ist dennoch eine Art Flucht vor dem Eigentlichen. Je jünger man ist, desto schwieriger ist das, weil man seine Grenzen noch nicht gefunden und deutlich vor sich hat. Und etwas loslassen, bevor man es überhaupt hat, erschreckt uns. Deshalb

Was mich auf dieser Reise am meisten bewegt hat, waren die kleinen Dinge, das scheinbar Unbedeutende. Hier ist mir aufgegangen, etwas nicht nur mit den Augen zu entdecken, sondern auch mit dem Herzen zu sehen und es ins Herz einzuschließen. Dazu gehören in der Stadt des Franziskus auch die Tiere, besonders die Hunde von den Carceri. Verschiedene von uns sind von ihnen aufgemuntert worden, hatten sie als Begleiter. Sie waren einfach da, neben uns, bei uns mit ihrer Nähe und Liebe und lehrten uns den Blick des Franziskus.

Gerhard

brauchen junge Menschen einen spirituellen Begleiter, der ihnen sagt, wie weit man gehen kann. Du brauchst jemandem, dem du sagen kannst, was in dir vorgeht - am besten einen weisen Menschen, der etwas vom Gebet versteht und dir sagen kann, wie der nächste Schritt aussieht. Gott wird dich immer so weit führen, wie du gehen kannst. Aber manchmal sind gerade junge und idealistische Männer zu voreilig und preschen gerne vor. Darum lassen Zenmeister oder auch C.G. Jung keinen unter 35 zum spirituellen Studium zu. Was junge Männer brauchen ist ein geistlicher Mentor, eine Vaterfigur, deren Führung sie sich anvertrauen können. Denn per definitionem kann man kein Vater sein, wenn man unter 35 ist, es fehlt einfach die väterliche Energie, die ist eigentlich erst mit 50 da. Wenn man also noch jung ist, sollte man sich nicht unter Druck setzen und nicht von sich aus Erfahrungen des Scheiterns anstreben. Du kannst den Fluß nicht schneller fließen lassen. Wir können nur unsere Boote auf den Fluß setzen und ziehen lassen. Natürlich wollen wir lieber auf ein Schiff springen und mit davon fahren, weil uns das ein Gefühl der Wichtigkeit vermittelt und uns eine Identität, eine Rolle gibt. Es macht Angst, diese Rollen loszulassen. Normalerweise gibt es zwei Wege, wie man diese Boote ziehen lassen kann.

Atem ist nacktes Sein

Der eine Weg ist der Atem. In vielen Sprachen ist Atem und Geist das gleiche Wort. Der Prozeß des Einatmens und Ausatmens ist das Einzige, was wir vom Augenblick unserer Geburt ständig machen. Es ist der allererste und elementarste Ausdruck, den wir haben, um unser Menschsein auszudrücken. Und wenn Ihr euch eures Einatmens und Ausatmens bewußt werdet, führt es euch aus irgendeinem Grund raus aus dem Kopf und raus aus den Gefühlen hinein in etwas, das wir den subtilen Körper nennen. Wo man auf sanfte Art daheim ist. Wo du du bist. Je mehr zentriert du wirst, desto weniger Atem brauchst du. Wenn du nervös bist und aufgeregt, wird dein Atem flach und hektisch. Ich möchte euch allen Mut machen, ganz mit eurem Atem zu sein. Das ist keine östliche religiöse Technik, das ist einfach Menschsein. Das ist alles! Unser bewußter Atem zeigt uns einfach unser nacktes Sein. Viele Christen fürchten sich davor und denken, man wolle ihnen irgendwelches heidnische Zeug unterjubeln. Ich meine, es ist die Furcht vor der irrationalen Angst, die dahinter lauert. Sie wol-

Zum Abschied hat sich im Namen all unserer Gastgeberinnen Cecilia aus unserer Casa del Terziario bedankt und hat uns gesagt, sie hätten selten eine so ruhige, fleißige Gruppe. Sie hätten solche Freude an uns gehabt, man habe gemerkt, daß wir sehr vertraut miteinander seien; und sie meinte, die Energie der Gruppe, die sie wahrgenommen habe, hätten wir gehabt, weil wir von der gleichen Luft leben, die gleiche Luft atmen. Pace.

Glory

len der Dunkelheit nicht ins Gesicht schauen und wollen lieber zurück zu Formeln wie »Jesus ist Herr«, eine Art Doktor, was ihnen wieder das Gefühl der Kontrolle vermittelt. Auch aus dem Atmen kann man natürlich wieder eine Technik machen und versuchen, auf der Himmelsleiter emporzusteigen, aber das hieße wieder, sich an den eigenen Haaren aus dem Sumpf ziehen zu wollen. Alles, was zur Technik wird, ist so ein Selbsterlösungsversuch, der die Gnade verfehlt.

Das heilige Wort

Außer dem Atem haben wir aber noch etwas anderes, das ist das heilige Wort. Wenn wir lange genug in uns hineinhören, entdecken die meisten von uns ein tiefes und wertvolles Wort in uns, das alles zusammenhält. Erinnert euch, wie es war, als ihr euch das erstemal verliebt habt. Wieviel Energie und Kraft allein dadurch rüberkam, daß ihr den Namen eurer Angebeteten ausgesprochen habt. So ist dieses heilige Wort in euch. Oder denkt an die Namen, die Liebende für einander erfinden und nur untereinander verwenden und die eine Menge für beide bedeuten. So ein heiliges Wort enthält große Kraft für eure Seele. Es spricht von eurer Sehnsucht und gibt sie verstärkt an euer Selbst weiter und führt euch zu innerer Sammlung. Bei der spirituellen Reise ist es das gleiche. Ihr müßt dieses heilige Wort finden. Nicht unbedingt ein Symbol, sondern wirklich ein Wort, das euch bewußt wird. Ihr ersetzt euer zwanghaftes Wort durch das heilige Wort. Es kommt aus dem Kopf - das ist ganz in Ordung hier. Ihr braucht dieses Wort, wenn eure Gedanken von euch Besitz ergreifen wollen und eure negativen Gefühle euch packen und sagen: Fühl mich, fühl deinen Ärger über deinen Ehemann, fühl deinen Groll gegen die Kirche, und wenn ihr dann auf der Selbstmitleidswelle schwimmt und es auch noch gut findet, all diese negativen Gedanken über jemand zu denken, der etwas Falsches gemacht hat, und der mich verletzt hat.

An dieser Stelle könnte ich lange über Vergebung reden. Es steckt etwas Süßes und Mächtiges darin, wenn man an einer Verletzung festhält. Das ist die Macht des verwundeten Herzens, es ist ein neuer Weg, zu Macht zu kommen. In meinem Land haßt jeder seine Eltern. Du bist nicht in, wenn du nicht deine Eltern haßt. Alle halten an ihrer Verletzung fest! Ihr müßt darum ein Wort finden, das

In dieser Woche konnte ich einfach Körper, Seele und Geist sein. Das war gut so! Und ich habe das Gefühl, daß viel Heiliges geschehen ist, das erfahre ich in mir widersprüchlich. Ruth heißt die Sprudelnde und es ist wie eine Quelle in mir. Ich möchte Richard für seine Einfachheit und Zärtlichkeit danken, im Gottesdienst und im Seminar.

Ruth

stark genug ist, um es all dem entgegenzuhalten. Ein Wort, das zu all dem Nein sagt. Aber sprecht es bitte freundlich aus. Ein heiliges Wort, das liebevoll aber bestimmt zu allem Verlockenden und Mächtigen, das da von euch Besitz ergreifen will, Nein sagt. Nein. Ich brauch dich nicht. Ich brauch dieses Gefühl nicht. Nur ein heiliges Wort wird stark genug sein, um da zu widerstehen. Gefühle sind verführerisch. Laß uns rein, es ist so schön, wenn wir bei dir da drin sind. Und ist es nicht unser Recht, unsere Gefühle zu fühlen?

Ich meine mit dem heiligen Wort eigentlich etwas ganz ähnliches, was die Tradition Mantras nennt, oder Stoßgebete, wie Jesusmariajosef. Vielleicht klingt das furchtbar fromm, aber für viele war das einzige, was stark genug war, der Name Jesu. Und so sagten sie Jesus, Jesus, Jesus. Was auch immer euer heiliges Wort ist, sagt es.

Atmen und das heilige Wort, das sind die beiden Wege, um loszulassen und falschem Besetztwerden zu widerstehen. Die frühe Kirche hatte das Geschenk der Zungenrede bekommen. Das ist nicht verrückt, dafür gibt es eine physiologische Erklärung. In der Gegenwart des wunderbaren und überwältigenden Großen Geheimnisses gibt die linke Gehirnhälfte auf. Es gibt keine Möglichkeit mehr, mit Worten die Kontrolle ausüben zu können. Da kann man nicht mehr reden. An diesem Punkt wird die rechte Gehirnhälfte für eine Weile die Herrschaft übernehmen und das zeigt sich dann zum Beispiel an einem reichlich sprachlosen Gestammel. Ihr kennt das aus eurer Teenagerzeit. Wenn man zum erstenmal mit dem Jungen oder Mädchen spricht, in das man verliebt ist, stottert man so herum und hat einen Knoten in der Zunge und bringt nichts Gescheites raus. Es ist wie das Große Geheimnis. Vor mir steht *die* Frau, und ich weiß nicht, was ich ihr sagen soll! Es verschlägt mir einfach die Sprache.

Wenn euch das einmal in eurem spirituellen Leben passiert ist, könnt ihr das immer wieder tun – und das ist das Geschenk der Zungenrede. Das ist alles – da ist nichts Magisches dran. Paulus sagt im ersten Korintherbrief, wenn du in Zungen redest, schweigt der Verstand. (»Denn wer in Zungen redet, der redet nicht für Menschen, sondern für Gott; denn niemand versteht ihn, vielmehr redet er im Geist von Geheimnissen«, 1. Kor. 14, 2). Denn du bist auf die nichtrationale Ebene, in die rechte Gehirnhälfte, gegangen und der Verstand, der links zu Hause ist, gibt schließlich auf.

Noch etwas ist ganz offensichtlich: Nachdem in der Kirche das Reden in Zungen aufhörte und ausstarb, kam der Rosenkranz auf. Ist das nicht bemerkenswert? Man mußte einfach eine neue Möglichkeit finden, wie man den Verstand stoppen konnte. Und der Rosenkranz kann das vorzüglich. Beim Rosenkranzbeten sprichst du so etwas wie ein Mantra, immer wieder, in einem fort, »Gebenedeit seist du, Maria, voll der Gnade...« Ich selbst habe den Rosenkranz für mich neu entdeckt, als eine besonders gute Hilfe, um in die Kontemplation zu gehen. Er ist wie eine Uhr in meiner Hand, und ich weiß, ich kann jetzt 15 Minuten langsamer machen und nach innen gehen.

Ich möchte vor allem dem Herrgott im Himmel danken und ich kehre mit einer großen Freude in den Alltag zurück und danke euch von Herzen. Pace.

Alice

Durchbruch zur Gnade

Bevor wir diese geistliche Reise nach innen nicht selbst gemacht haben, wird Franziskus einfach eine idealisierte Figur sein, weit weg von uns. Kontemplation heißt aber, daß wir der Wirklichkeit auf die einfachste und direkteste Art begegnen. Es ist, wie wenn man einer Sache das erste Mal ganz neu und frisch begegnet - ohne Urteile, ohne Erklärungen, ohne das Bedürfnis nach Kontrolle. Dann erst fühlst du wie machtlos das ist! Bevor man das nicht praktiziert hat und seine Macht losgelassen hat, wird man nicht wissen, wie das ist. Kontemplation ist die Erfahrung der Einmaligkeit der Gegenwart. Das kommt noch vor dem Denken, vor dem Kategorisieren. Es ist, wie wenn man seine Augen öffnet und etwas zum ersten Mal sieht. Und man läßt dasjenige Macht über sich haben, anstatt selbst Macht und Kontrolle darüber auszuüben. Es wird so zum Staunen, zur Wahrnehmung. Man geht hinein, hindurch, um auf den Grund, auf das Wesen der Dinge zu kommen. Oft wird dann die Frage nach dem Warum hochgespült: Wieso existiert dieser Vogel, diese Wiese? Wieso gibt es mich selbst? Irgendwann wird man dabei durchbrechen zur Gnade, wird feststellen, daß alles Geschenk ist, alles gratis ist. Und die einzig angemessene Haltung dazu ist Dankbarkeit und Freude. Weil man spürt, daß der Grund, das Wesen aller Dinge Liebe ist. Wenn alles gesagt und alles getan ist - die Liebe wird bleiben! Und deshalb kann ich sagen, daß die Welt gut ist, daß sie letztendlich ein Ort der Geborgenheit ist, ein wohlwollender Ort. Das meinen die Heiligen, wenn sie sagen, daß sie Christus in allem sehen. Man sieht das Fundament der Liebe in allem - sogar bei unseren Feinden! Am Anfang unseres Weges versuchen wir meistens mit aller Kraft und

Pace mit dem Rosenkranz

Wie gut erinnere ich mich doch noch, als kleiner Bub im kühlen Kirchenschiff gekniet zu haben, vorn rechts, wo die Buben hingehörten. Unzählige Maiandachten lang murmelte ich den Rosenkranz mit, in kurzen Hosen leicht fröstelnd, wenn die frühsommerliche Abendsonne durchs farbige Glasfenster hinter dem Hochaltar schien, in langen Hosen oder Strümpfen, wenn es bedeckt oder regnerisch und die Stimmung in der Kirche noch düsterer war. Das Ewige Licht vorn kam dann so schön zur Geltung. Links hinter mir knieten vielleicht ein Dutzend Frauen, die die Akustik zur Hauptsache bestimmten, hinter meinem Rücken zwei oder drei Männer, immer dieselben, eine Oktave tiefer, in meiner unmittelbaren Umgebung ein paar weitere Kinder, deren unsichere Stimmen kaum hörbar waren, ob schon sie mir am nächsten waren.
All das, dieser monotone Singsang, diese Ruhe, diese gewisse Einsamkeit in der vertrauten Atmosphäre vielleicht sogar, hätte mir ja eigentlich ganz gut bekommen können, wenn nur nicht immer wieder dieses quälende Gefühl aufgekommen wäre, sobald ich mich dabei ertappte, mit meinen Gedanken anderswo oder überhaupt nirgends gewesen zu sein. Dabei

ging es nicht etwa nur um ein verpaßtes »gebenedeit unter den Weibern« oder ein hingeplappertes »Frucht deines Leibes«, dessen Sinn ich trotz vieler Erklärungen ohnehin nie richtig verstand - gleich reihenweise vergaß ich Kügelchen des Rosenkranzes mitzuzählen, geschweige denn mitzubeten. Wahrscheinlich schielte ich bei solchen Gelegenheiten jeweils leicht errötet zur Seite, um mich zu vergewissern, ob es auch ja niemand mitbekommen hatte. »Gedankenlos und den Kopf nicht bei der Sache haben« nannte mein Vater solche Bewußtseinszustände.

Jahrzehnte später, bei meinen Versuchen, mich in Kontemplation zu üben, beschleicht mich dieses beklemmende Gefühl von neuem: Ich schaff es nicht, gelassen am Ufer zu sitzen, selber zum Strom zu werden und all die Schiffchen, meine Gedanken, Erinnerungen, Pläne, meine Arbeit, Frauen und was sonst noch alles vorbeizieht, fahren zu lassen und zur Ruhe zu kommen - schwupp, werde ich gleich wieder zum Passagier oder gar Kapitän auf einem Boot und treibe mit. Meine linke Hirnhälfte hat längst kapiert, daß es um Loslassen geht, nicht um Genügen-müssen, um Meisterung und Kontrolle. Eben nicht. Raum schaffen möchte ich in mir, der »göttlichen Ecke« in mir Luft verschaffen, damit sie atmen, sich zeigen, ausbreiten und entfalten kann. Ich versuche den Weg der Substraktion zu erahnen - alles, was ich bisher gelernt habe, nützt mir dabei nicht viel - und probiere immer wieder, mir liebevoll zuzuschauen, wie schlecht ich mir zuschauen kann. Leer werden, Platz machen, zur Ruhe kommen ist alles, was ich vermag, alles weitere ist Gnade, bekomme ich geschenkt, ich weiß, ich habe aufmerksam zugehört, Richard, das kann ich. Und schon sehe ich wieder die Heerscharen von Nonnen vor mir, die frühmorgens San Damiano gestürmt und meine Stille gestört haben. Bestenfalls vermag ich innerlich eine Weile beim Bild des blühenden Mohns am Rande des Olivenhains oberhalb des Klosters zu verweilen, wohin ich mich an jenem Morgen geflüchtet habe …

Verwirrt hat mich dann, was ich über das Rosenkranz-Gebet zu hören bekam: eine uralte Möglichkeit, zur Ruhe zu kommen, eine Unterstützung, sich beschaulich der inneren Betrachtung hinzugeben. Beim ersten Gedanken, einen Rosenkranz nur schon in die Hand zu nehmen und die Kugeln durch meine Finger gleiten zu lassen, bin ich innerlich zusammengefahren. Bin ich vor vielen Jahren, nach langer, intensiver Auseinandersetzung mit mir und meiner erzkatholischen Vergangenheit, aus der Kirche ausgetreten, um als Mann in der zweiten Lebenshälfte wieder bei diesem antiquierten Murmelgebet zu landen? Gelacht habe ich über mich, auch mit anderen zusammen, bei der Vorstellung, nach Assisi gefahren zu sein, um mir einen Rosenkranz zu kaufen. Wenn schon, denn schon. Ein besonders schönes Exemplar mußte es sein, aus Olivenholz. Beim Kauf einer Tabakspfeife achte ich schließlich auch auf eine dichte Maserung und lasse mir meine Ansprüche etwas kosten, wie es sich für eine Enneagramm-SIEBEN gehört. Heimlich habe ich dann meine ersten Versuche gemacht. Die einzelnen Stationen sind erstaunlich leicht wieder aus dem Gedächtnis auszugraben gewesen, gelernt ist gelernt. Seither bete ich den Rosenkranz immer wieder. Er hilft mir, meinen ständigen inneren Lärm abklingen zu lassen und Raum für das Wesentliche zu schaffen. Angst vor der Leere habe ich noch immer, mir ist aber, als könnte ich mich an den altvertrauten Formeln festhalten und gar nicht so tief ins Bodenlose fallen. Und ab und zu bewege ich mich in die Nähe dieses ersehnten gedanken-losen Zustandes. Mich überkommt dann ein Gefühl tiefer Dankbarkeit und die Gewißheit, in diesem Weniger mehr gefunden zu haben als nur die Neuauflage einer alten Geschichte mit veränderten Vorzeichen.

Bruno

Ich möchte Richard ganz besonders danken, daß er uns Franz nahegebracht hat. Das hat mir das Herz geöffnet. Ich habe ganz viel Liebe erfahren. Das hat mich sehr beglückt. Ich danke euch, daß ich mit euch diesen Strom der Liebe und Energie Gottes erfahren konnte. Ich hatte mehrere Schlüsselerlebnisse mit Menschen, die mich aufgeschlossen haben. Ich traf sie »zufällig« in der Stadt. Es geschah immer alles zu der Zeit, wo es dran war und mir ist aufgegangen, was Sympathie ist. Nicht einfach nur Gernhaben, sondern mit-leiden.

Brigitte

ganz angestrengt gute Liebende zu werden. Aber an diesem Punkt unserer Reise begreifen wir, daß Liebe, die wahre Liebe hinter allem, nicht gemacht, sondern nur entdeckt werden kann. Das ist die kontemplative Innenschau – so einfach und doch so erschreckend. Die großen Mystiker sagen, daß Gott vollkommen in allem offenbart ist. Und daß er zugleich vollkommen in allem verborgen ist. Wer erst einmal angefangen hat, das zu begreifen und zu sehen, will nichts anderes mehr, weil das allein Sinn hat. Alles andere ist zwar gut, aber nicht mehr gut genug, weil man jetzt das wirklich Gute kennt und geschmeckt hat.

Wir haben hier schon einmal von der Göttlichen Komödie Dantes gesprochen. Die eigentlich zentrale Stelle darin ist die, wo Dante zu Beatrice schaut und in ihrem Gesicht Gott erkennt und ganz am Schluß endlich die Liebe sieht: »So aber war ich ganz ergriffen von der Allgewalt der Liebe, welche die Sonne führt und alle Sterne«.

Vielleicht haben einige von euch schon etwas gehört von dem Heiligen Vincent de Paul in Paris, der im 17. Jahrhundert ganz für die Armen lebte. »Sich leer machen von sich selbst«, war eines seiner Prinzipien und er dankte den Armen, daß er ihnen dienen durfte, weil er in diesem Liebesexperiment die Wahrheit erfahren durfte. Er tat das nicht in dem üblichen Sinne, daß ich dir etwas gebe, und du mir dafür wieder etwas gibst. Sondern er machte das, weil er wußte, wenn ich diese Liebe geschehen lasse, fällt der Schleier hier und dort und ich erkenne die Wahrheit. Und das gilt für jede wahre Liebe! Es ist wie bei der Elektrizität: Die Spannung, die Liebe geschieht *zwischen* beiden Polen. Weder der eine (ich) noch der andere Pol (du) kann von sich sagen »Ich bin die Liebe«, sondern das geschieht einfach so als Wunder in der Mitte zwischen beiden. Beide können nur bekennen »Die Liebe ist zwischen uns«.

Wenn man jung und verliebt ist, schaut man einander in die Augen und denkt, daß die große Liebe im anderen zu finden ist. Aber nach einiger Zeit muß man dann lernen, gemeinsam in dieselbe Richtung zu blicken, denn die wahre Liebe ist außerhalb von uns, zwischen uns und wir selbst sind nur die Spiegel der Liebe füreinander. Ich denke, daß der romantische Beziehungsmythos heutzutage ziemlich problematisch ist, weil wir etwas voneinander erwarten, was wir uns so gar nicht geben können. Wir können nicht Gott füreinander sein. In der christlichen Lehre verkörpert das die Trinität. Ich weiß, daß darin männliche Bilder

und Sprache stecken, aber versucht einmal, das Geheimnis dahinter zu hören. Meister Eckhart drückt es so aus: der Vater schaut den Sohn an und der Sohn den Vater. Der Vater freut sich im Sohn und der Sohn im Vater. Der Vater lacht mit dem Sohn und der Sohn mit dem Vater. Und der Vater hat den Sohn gern und der Sohn den Vater. Damit ist jetzt nicht die Liebe, dieses große Wort gemeint, sondern wirklich das jemanden Mögen, wenn man gerne in der Gegenwart eines Menschen ist.

Die Kraft, die den Kosmos bewegt

Ich kenne Leute, die zu mir sagen: Ja Richard, ich weiß, du liebst mich, aber hast du mich auch gern, magst du mich? Liebe allein genügt oft nicht, wir sehnen uns auch danach, daß uns Menschen gern haben, einfach weil wir wir sind. Meister Eckhart sagt dann weiter, daß dieses sich anschauen, sich freuen, miteinander lachen und gern haben der Heilige Geist ist. Heiliger Geist ist Beziehung. Es ist diese Liebe, die zwischen allem ist und hin und her fließt. Sie ist die gleiche liebende Kraft sowohl zwischen zwei Menschen, als auch die Kraft, die den ganzen Kosmos bewegt! Das winzige Atom und die riesige Galaxie - beide bilden eine Welt der Beziehung und werden durch diese Kraft bewegt. Das Christentum ist die einzige Weltreligion, die behauptet, daß Gott Beziehung ist. Gott ist absolute Beziehung. Vollkommenes Geben und Nehmen. Wann immer wir das haben, geschieht Heiliger Geist. Der kontemplative Moment besteht darin, daß man sich selbst ganz hingibt an das Jetzt - und das Jetzt sich öffnet für das Geheimnis dieses einen Augenblicks und sich uns schenkt. Immer wenn das geschieht, brechen wir durch zur Wirklichkeit. Dieses Erlebnis wird nicht unbedingt von starken Gefühlen begleitet sein oder ein Highgefühl auslösen. Ja, ich kann sogar sagen, je länger man auf dem geistlichen Weg ist, desto weniger hat man diese emotionalen Höhenflüge.

Liebhaber oder Süchtiger

In unseren Seminaren über männliche Spiritualität reden wir auch über die Archetypen in der Seele des Mannes. Einer dieser männlichen Archetypen ist »Der Liebhaber«. Die dunkle Seite dieses Archetypen ist »Der Süchtige«. Wenn man einmal den Höhenflug der Liebe erlebt hat, sei es in der Partnerschaft und

Ehe, oder auch durch die Natur oder durch eine Gotteserfahrung, will man dieses starke Gefühl unbedingt festhalten und bewahren, weil man das als die einzig wirkliche Wirklichkeit erlebt hat. Wenn dann niemand da ist, der einem zeigt, wie der Weg weitergeht, wird man in irgendeiner Weise zum Süchtigen. Es heißt, der Süchtige will das Richtige, aber wendet sich an die falsche Adresse. Bei der wahren Suche nach Liebe wird es keine Sackgassen geben, immer wird ein Weg weiterführen. Wichtig ist dabei immer, daß man einen Menschen oder eine Sache tief und beständig liebt. Das wird uns weiterführen! Wer diese tiefe Liebe einmal erfahren hat, wird für den Rest seines Lebens von ihr bestimmt sein. Unsere ganze Sehnsucht gilt ihr - solange, bis unser Herz gestillt ist. Wir sind dann Gefangene der Wahrheit und können sie nicht mehr vergessen. Die vielen Menschen, die wie überall auch hier in Assisi in die Kirchen laufen und Heiligenfiguren oder Madonnen oder Steine küssen, drücken damit eigentlich nichts anderes aus als diese große Sehnsucht. Wir dürfen sie deswegen nichts auslachen und auf sie herabsehen, denn ihr Verhalten ist ein Symbol: Sie ahnen, daß hinter ihrem Tun diese Liebe steckt, die sie suchen.

Auf dieser Reise habe ich etwas Schönes für mich entdeckt. Der Gedanke, daß ich nicht ständig zu anderen gehen muß, um Liebe zu erfahren, sondern daß ich sie im Gebet erfahre. Ich muß den anderen nicht mehr nachlaufen und mich ihnen aufdrängen, sondern ich kann loslassen.
Und das baut mich unwahrscheinlich auf.

Gerardo

Der Sprung von der Leiter

Der kontemplative Weg wird mehr und mehr ein Weg des Loslassens sein. Dabei werdet ihr immer weniger Kontrolle und Sicherheit haben. Dafür wächst in euch das Wissen, daß ihr geführt werdet. Wenn du erst einmal dein erstes Ja gesagt hast, spürst du, daß dieses Ja dich zieht und trägt. Aber wir haben oft Angst vor solcher Nähe und wollen da wieder raus. Und so suchen wir nach Entschuldigungen und nach »Leitern« zu Gott. Wir werden immer irgendwelche Gründe finden, um die Kontrolle und die Sicherheit zu behalten. Das schaut so vernünftig und »realistisch« aus! Wir haben uns zwar auf den Weg gemacht, um Gott zu finden, aber wir bauen uns eine »Leiter« hinauf zu ihm. Eigentlich geht das gar nicht, aber wir probieren es trotzdem. Am Anfang deiner Reise gehört dieser falsche Glaube dazu: Du denkst, du kannst dir diese »Leiter« bauen. Du baust eine Sprosse nach der anderen, um zu Gott zu gelangen. Diese Sprossen geben dir Sicherheit, denkst du, aber das ist eine Illusion. Viele Konservative sind dauernd damit beschäftigt, solche Sprossen zu bauen: Sie besuchen mehr Gottesdienste oder befolgen noch mehr Gebote usw.

Ich glaube, es ist ganz richtig, konservativ anzufangen, aber wir dürfen dabei nicht stehen bleiben! Hört auf, noch mehr Sprossen für diese Leiter zu bauen! Stellt euch vor, ihr steht nun ganz oben auf der Leiter und es gibt nur noch eine einzige Sprosse, auf die ihr steigen könnt. An diesem Punkt ruft euch die Gnade Gottes zu: Springt! Allen Liebenden geht das so. Die meisten Menschen wagen nicht zu springen, weil sie Angst haben, daß da niemand sein wird, der sie auffängt. Wenn ihr aber kontemplative Erfahrungen gemacht habt, könnt ihr springen, weil ihr wißt, daß der tragende Grund hinter allem Liebe ist. Ihr wißt: Da fängt mich jemand auf. Ihr wißt: Das ist radikal richtig. Ihr wißt: Die Wirklichkeit ist gut. Das Universum ist ein vertrauenswürdiger, liebevoller und guter Ort. Es ist sicher und trägt. Ich muß mich nicht absichern und muß nichts mehr kontrollieren.

Auf dem Weg vom Loslassen habe ich in dieser Woche mit euch gemerkt, ich kann loslassen und trotzdem gehe ich mit viel mehr nach Hause, als ich losgelassen habe. Das ist ein großes, wertvolles Geschenk für mich.

Alexander

Die Flicken auf unserer Seele

Ohne diese Grunderfahrung ist Religion weiterhin nichts anderes als ein falscher Versuch, sich abzusichern und die Kontrolle zu behalten und weiterhin Erfolg zu haben. Alles was sich ändert ist, daß man Erfolg lediglich spirituell definiert und dann weiter um nichts mehr bemüht ist, als um Erfolg. Das nenne ich die Religion der »positiven Selbstverwirklichung«. Wir benutzen und mißbrauchen Gott, um ein schönes Selbstbild von uns zu bekommen und um zum Beispiel von uns sagen zu können, »Ich bin ein guter Christ«. Wir haben das Wesentliche umgedreht, so daß nun nicht mehr wir Gott ehren, sondern Gott nun uns dient. Er muß uns bedienen. Wir sind nicht in ihm. Franziskus geht den anderen Weg, damit ihm das nicht passiert. Er hat zum Beispiel mit den Flicken auf seiner Kutte sich selbst und anderen Menschen zeigen wollen, wie es innerlich und äußerlich um ihn steht: Er ist ein »Geflickter«, »Reparierter«. Er mißbraucht Gott nicht: Gott soll ihm seine Wunden nicht wegnehmen oder verkleiden oder verneinen. Gott ist derjenige, dem wir unsere Wunden bringen können. Gotteserfahrung heißt, ich weiß, jemand nimmt mich ganz an, mit allem, was ich bin oder nicht bin. Es nimmt mich völlig auf und trägt. Und danach sehnen wir uns ja alle, dazuzugehören und nicht abgeschnitten zu sein. Es ist die Erfahrung, endgültig heimzukommen - auch wenn die Wunde bleibt. Ich weiß, daß ich zu Hause bin: in meinem Körper, in meinem Herz, in meinem Kopf, in dieser Welt, auch wenn

Wenn ich jetzt nach Hause komme, weiß ich, daß etwas radikal anders ist. Ich kann das noch nicht ganz in Worte fassen, aber ich merke, daß es mit der Sicht auf mich selbst und auf alles um mich herum zu tun hat. Ich bin sehr froh über das, was der Richard gesagt hat, eine klare und einfache Art, daß wir uns selber loslassen müssen, unsere eigene Wichtigkeit, unseren Schmerz, unsere Geschichten; und daß das Loslassen nicht zudecken bedeutet, sondern Kraft zu schöpfen und blockierte Energien freizusetzen. Ich spüre, daß das ein ganz wichtiger neuer Weg ist, der mir besondere Freude gibt, im Sommer wieder Vater zu werden. Und ich bin glücklich, daß ich noch einmal die Gelegenheit haben werde, das göttliche Geschenk eines Kindes in den Armen zu halten. Ich wünsche mir, durch es wieder zurück zur Ganzheit zu finden wie in einem Spiegel.

Kurt

diese noch verwundet sind. Daran müssen wir uns immer wieder erinnern, daß die Wunden niemals verschwinden. Ich bin immer noch verwundet, aber ich werde nicht mehr verwundet durch meine Wunde. Ich bin immer noch verwirrt, aber ich lasse mich nicht mehr verwirren durch meine Verwirrung. Ich habe immer noch Angst, aber die Angst lähmt mich nicht mehr. Ich muß nicht mehr versuchen, sie zu verändern oder in den Griff zu bekommen. Ich kann sogar lächeln darin. Das ist der heilige Narr, die höchste Stufe des geistlichen Lebens, wo man über seine Wunden lachen kann. Dieses Lachen kommt nicht aus Verzweiflung oder Verachtung, sondern aus Mitgefühl.

Das große Erbarmen

Es ist nicht leicht, das, was ich meine, gut in Worte zu fassen. Ihr könntet sonst denken, daß ich etwas weiß, was ihr nicht kennt. Im geistlichen Leben kann niemand für uns die »Hausaufgaben« machen und niemand kann unsere spirituelle Reise an unserer Stelle machen. Alles, was wir tun können, ist, uns gegenseitig zu bezeugen, die Reise ist wahr. Das können wir miteinander teilen, aber nicht die Reise selbst. Ich glaube, Franziskus hat uns das vorgelebt und gezeigt und ich hoffe, daß meine vielen Worte euch das gezeigt haben. Viele Katholiken denken, der Papst könne für sie ihre geistlichen Hausaufgaben übernehmen. Und viele Protestanten denken, die Bibel könne das für sie erledigen. Und so bringen sie es fertig, genau das *nicht* zu tun, was die Autoren der Bibel taten: auf die eigene Reise zu gehen. Was wir alle lernen müssen ist, dem Heiligen Geist in allen Dingen zu vertrauen und ihn überall zu vernehmen, diesem Grund der Liebe in allem zu vertrauen. Das ist ein Geschenk der Gnade und eine Erfahrung des »neuen Sehens« - die Wirklichkeit mit neuen Augen wahrzunehmen. Jesus hat ganz selten seinen Mitmenschen wegen ihrer Böswilligkeit Vorwürfe gemacht, aber er sagte oft: Sie können nicht sehen. Sogar am Ende seines Weges, am Kreuz, sagt er: »Vergib ihnen, denn sie wissen nicht was sie tun«. Sie können nicht sehen, heißt das! Kontemplation nimmt den Grund für Haß. Kontemplation heilt uns von der Gewohnheit, andere richten zu wollen. Denn nun weiß ich: Auch ich konnte so viele Jahre lang nicht sehen, wie kann ich da einen anderen verurteilen? Er kann einfach noch nicht sehen. Wir nennen das »das große Erbarmen«. In diesem Erbarmen leben die großen Heiligen und Mystiker. Das große Erbarmen

ist ganz Mit-Gefühl, Mit-Leidenschaft. Es ist kein Ort, den wir uns erarbeiten können. Es ist ein Ort, an den wir nur geführt werden können. Alles was wir dafür tun können ist, daß wir in Offenheit und Hingabe bereit sind, uns führen zu lassen.

Zum Abschied möchte ich euch noch etwas sagen. Vieles von dem, was ihr hier gelernt habt, werdet ihr erst entdecken, wenn ihr wieder zu Hause seid. Manchmal kehren wir zu unserem alten Platz, zu unserem gewohnten Lebensraum zurück und sehen, daß wir innerlich in einem neuen Raum angekommen sind. Ich möchte euch darum ermutigen, auch weiterhin darauf zu achten und vielleicht auch aufzuschreiben, was ihr alles wahrnehmt und spürt. Richtet euch eine kontemplative Zeit ein, wo ihr eure »Boote« ziehen lassen könnt. Das wird euch helfen, eure Erfahrungen zu vertiefen und die Verbindung zwischen eurem Körper, eurer Seele und eurem Geist besser wahrzunehmen.
Für diese Woche mit euch möchte ich euch danken. Und ich bitte euch auch, für mich zu beten, daß ich in meinem eigenen Herzen das lebe, was ich euch gelehrt habe. Ich danke euch allen für eure Liebe und Freundlichkeit. Und ich bete darum, daß der Geist des heiligen Franziskus und die Liebe Gottes bei euch bleiben werden.

Sehnsucht nach Licht

Du brichst auf
verläßt den falschen Schein
schlachtest das goldene Kalb
deckst Lebenslügen auf –
und reckst dich dem Licht entgegen…
doch erreichen deine Hände
nur Sternschnuppensplitter
vom großen Licht.
Wirf sie nicht weg!
Wir wollen unser kleines
Licht vereinen –
so kann es trotzdem Feuer sein.

Sr. Felicitas

Und ich,
der ganz kleine Bruder Franziskus,
euer Knecht, bestätige euch,
soviel ich nur kann,
innen und außen diesen heiligsten Segen.

Franziskus

Erinnert ihr euch?

Erinnert ihr euch an Assisi
und daß wir an dem Platze wohnten,
wo Franziskus seine Kleider
vor den Vater warf -
und wieviel Ballast wir dort abwarfen?

Erinnert ihr euch an Franziskus,
den unversöhnten Propheten,
nie ausgesöhnt mit dem
ihn verfluchenden Vater?

Seid ihr euch bewußt,
daß er damit alle erlöste,
die krampfhaft glauben,
sich mit Eltern und anderen
Menschen versöhnen zu müssen -
bevor sie ganz sind vor Gott?

Seid ihr euch bewußt,
daß Franziskus ein großer
intuitiver Therapeut war,
sich selbst heilte,
indem er sich einen Bettler holte,
ihn zu segnen
und die Stimme des verfluchenden Vaters
in seinen Ohren auszugleichen?

Erinnert ihr euch,
wie viel Weibliches der Mann
Franziskus in sich integriert hatte -
und wie viel zärtliche Männer
in unserer Gruppe waren,
die Schwächen umarmen konnten?

Erinnert ihr euch,
wie stark unsere Körper beteiligt waren,
wenn Schmerzen, Frustrationen, Hindernisse
und alte Kränkungen im Leib rumorten,
wie stark manche Franziskus
am eigenen Körper spürten?
Und immer wieder Richards Botschaft:
»Der Körper ist gut, werft ihn nicht weg!«

Ich erinnere mich,
wie Franziskus mich immer wieder erreichte
mit einem feinen Summen im Kopf,
auragleich,
als würde er mein Hirn umwandeln -
am stärksten in der Kirche am Platz,
wo er wohl oft zur Kirche ging,
bevor er sich auflehnte.

Erinnert ihr euch,
daß wir selbst ein wenig
wie Franziskaner im Kloster lebten,
im Klostergarten
der Rosen und Lauben wandelten,
nachts nach zehn Uhr eingeschlossen waren,
daß das Tor nur noch einmal aufging
für Spätheimkehrer,
die streunenden Katzen der Nacht?

Erinnert ihr euch,
wie sehr gesegnet wir waren durch
Begegnung mit Franziskus' geliebten Tieren:
Von Tauben begrüßt in unseren Zimmern,
von schwarzen Hündlein begleitet
in den Wäldern um Carceri?

Wart ihr euch bewußt,
daß Franziskus, nicht nur Mystiker,
sondern auch Prophet war,
daß auch wir mit einem Propheten reisten,
daß in Franziskus und Richard
diesselbe Verbindung war
von Radikalität und Freundlichkeit,
die einem das Herz öffnete?

Seid ihr euch bewußt,
daß unter uns eine »holy fool« war,
ein »abrahamisches Orakel«,
das manchmal beschwörend
und in Zungen sprach

und Richard beim Abschied
mit Öl zum Propheten salbte?
Seid ihr euch bewußt,
daß Mystiker und Weise
oft dieselben Worte gebrauchen,
ohne von einander zu wissen?
Ich erinnere mich meines Schauerns,
wenn Richard Sätze sprach,
die ich einst von anderen gehört,
und ich langsam wirklich erfuhr,
daß die Wahrheit eins ist.

Erinnert ihr euch an die Aussage,
daß Gott die Menschen brauchte
in seiner Sehnsucht, erkannt zu werden,
auf daß das Feuer der Beziehung,
der elektrische Funke
zwischen Mensch und Gott
als Liebe und Heiliger Geist entstehe?

Wart ihr euch bewußt,
wie sehr Richard uns brauchte als Zuhörer,
um den Funken zu entfachen in ihm,
der ihn so reden ließ,
wie es seine Begabung ist,
tief berührend, ein Abbild
des Funkens zwischen Gott und Mensch?

Wart ihr euch bewußt,
daß Richard sich niemals anbot
zum angebeteten Botschafter zu werden,
um darüber die Botschaft zu vergessen;
daß er aber ein Vorbild
errungener und erarbeiteter Demut war?

Wart ihr euch bewußt,
wie tief die Sharings von Assisi waren?
Daß wir damit unser eigenes »Kind« schufen?
Daß wir damit und mit unserer Achtung
und unseren persönlichen Opfern
dem Ort Assisi neue Kraft brachten?

Erinnert ihr euch,
daß wir ein eigenes, lebendiges Mantra hatten,
das uns begleitete - heute noch:
Pace!

Wart ihr euch bewußt,
daß uns nicht alle Hindernisse
aus dem Weg geräumt wurden,
weil einige Hindernisse nötig waren,
damit wir daran wuchsen,
unsere Grenzen dehnten
und aufhörten, den »Fluß zu schieben«?

Ich erinnerte mich an frühere Weisungen
zu spirituellen Reisen:
Alles, was euch begegnet an Hindernissen
ist kein Zufall, sondern soll euch
ein Spiegel werden für eure Grenzen.
Es ist keine Panne der Organisation.
Nehmt war, was sich euch in den Weg stellt,
beobachtet, wie ihr darauf reagiert,
seht euch an und versteht…
und sucht Wege, eure Grenzen
langsam, langsam auszuweiten
zu immer mehr Gelassenheit…

Erinnert ihr euch
an unseren Buschaffeur und seine Frau,
die uns Geborgenheit und Sicherheit gaben
»wie in Abrahams Schoß«,
daß sie uns wie Hirten ihre Schafe
gütig, aber bestimmt,
führten und zusammenhielten,
geduldig auch gegenüber verirrten Schafen?

Erinnert ihr euch an die Bus-Panne
kurz vor La Verna,
wo die Verbindung zwischen Tank
und Motor brach,
kurz nachdem Richard darüber gesprochen
hatte, daß bei Franziskus die Verbindung
zwischen Körper und Geist
nicht unterbrochen war?
Ich erinnerte mich damals an die Lehren
von meinen Sufi-Reisen in der Türkei:
daß das Reisevehikel Symbol sei
für Körper und Geist der Pilgernden,
daß alles, was am Auto
vor heiligen Orten repariert würde,
auch in den Zellen der Pilger
»repariert« würde – als Vorbereitung
für den heiligen Ort.
War es möglich, daß vor La Verna
unsere Verbindung zwischen Körper und Geist
vervollkommnet worden war?

Seid ihr euch bewußt,
wie sehr Gift und Spiritualität
zusammengehören,
daß manche im hinteren Teil des Reisebusses
durch den Leitungsbruch Gift einatmeten?
Ich erinnerte mich
an die Aussage eines weisen Mannes:
Bei den meisten Kulturen gibt es
eine spirituelle Stufe,
wo Gift eingenommen wird,
um höher zu kommen.
Und man wird fähig sein,
das Gift zu transformieren wie der Pfau…

*Wart ihr euch bewußt,
wieviel wir durch Maschinen lernten -
zum Beispiel durch unser Tonbandgerät,
dessen verstaubte Stelle
zuviel Energie absorbierte
und darum nichts aufnehmen konnte?*

*Wart ihr euch bewußt,
daß eines unserer größten gemeinsamen Leiden
das Erlebnis von Babylon war:
Der Schmerz, den das Sprachgewirr auslöste -
Schriftdeutsch, Schweizerdeutsch,
Englisch, Italienisch;*

*daß wir aber gesegnet waren,
einen Teil der Menschheitsgeschichte
im Kleinen an uns zu erfahren
und damit tiefer zu verstehen?*

*Erinnert ihr euch an das Ringen um Worte,
das sich manchen bis in den Leib bohrte,
im Kampf gegen verbrauchte Kirchenworte,
sexistische Worte im Vaterunser,
nicht erfaßte Nuancen der Übersetzungen?
Wer hat nicht gerungen um Worte,
um das Erlebte auf dieser Reise auszudrücken?
Manche wurden stumm davon…*

*Erinnert ihr euch,
daß viele kleine Tode gestorben wurden,
daß viele franziskanische Tränen flossen,
daß der persönliche Schmerz Türen öffnete,
die lange verschlossen waren,
und daß die kleinen Tode
das Vertrautwerden mit dem großen Tod
wachsen ließen?*

*Wart ihr euch bewußt,
daß Assisi für uns kein Museum der
Geheimnisse
oder Erinnerung an alte Mysterien war,
sondern ein Tempel,
wo Transformation möglich war,
wo Mysterein sich heute ereigneten?*

*Seid ihr euch bewußt,
daß es eine Reise der Erlösung war,
daß bei vielen lange schwärende Wunden,
von der Kirche geschlagen, zu heilen begannen,
daß einige darunter waren, die einst
hätten Priester werden sollen
und bisher mit nie ganz getilgter Schuld
durchs Leben gingen?*

*Wart ihr euch bewußt,
wieviel Versöhnung stattfand,
wieviel Ablösung von Traumen
und Kampf gegen Systeme;
daß manche frei wurden,
einen eigenen Weg zu gehen
und eine Vision davon bekamen,
wie man alleine gehen kann?*

*Wart ihr euch bewußt,
daß sich auf dieser Reise,*

in ihrer Vollkommenheit,
Richards Satz erfüllte:
»Gnade kannst du nicht erschaffen,
Gnade ist immer Geschenk.«
Wir wurden beschenkt
durch innere und äußere Geborgenheit
und durch die Reife der Gruppe.
Wir dienten Gott und Gott diente uns.

Seid ihr euch bewußt,
daß einige von uns erwachten,
als sie dieses Feuer bewegter Liebe spürten?
»Diese Liebe wird euer Lehrer sein.
Sie wird Sehnsucht und Unruhe erzeugen
für den Rest eures Lebens.«
Einige sagten zu mir:
Ich werde springen,
Leitern und Kontrollen wegwerfen.
Sie werden erfahren,
daß dann die Welt
plötzlich anderen Gesetzen unterliegt,
daß nach Mühe und Arbeit,
nach Jahren der Wüste
die verwirklichte Vision
sie zu tragen beginnt,
daß mehr Kraft geschenkt wird,
so daß Unmögliches möglich wird,
wenn man Dinge nicht mehr nur für sich tut...

Seid ihr euch bewußt,
daß auf dem Weg
der aufsteigenden Spirale
einer spirituellen Reise
immer mehr wunderbare Dinge,
aber auch Prüfungen stehen,
daß das alles aber letztlich
eure Dankbarkeit mehren wird,
ein Gefühl, das wächst und wächst,
trotz aller Schmerzen?

Erinnert ihr euch,
daß Richard uns die Worte
des sterbenden Franziskus
als Schlußworte mit auf den Weg gab:
»Ich habe getan, was das Meine war,
jetzt müßt ihr das Eurige tun.« Pace...

Ines

Fotonachweis

Ines Gräminger: Seite 7,8,13,18,73,86

Marion Küstenmacher: Seite 1,16,23,33,50, 62,82

Wulf Ligges: Umschlagseite vorn, Seite 20,85

Susanne Prinz: Seite 17,22,28,37,39,42,51, 52,61,63

Marliese Weigun: Seite 2,5,10,15,19,21,25, 27,30,31,35,36,38,40,45,47,49, 55,59,68,74,76,79,81,84

Aus dem Bildarchiv der Stuppacher Madonna, Kapellenpflege Stuppacher Madonna, 97980 Stuppach-Bad Mergentheim: Seite 70

Quellennachweis

Leonardo Boff, Zärtlichkeit und Kraft. Franz von Assisi mit den Augen der Armen gesehen. Aus dem Portugiesischen übersetzt von Horst Goldstein, Patmos Verlag, Düsseldorf 5. Auflage 1991. Seite 59/60

Wer sich für die Arbeit von SEBIL interessiert, wende sich bitte an:

SEBIL
Laurenzengasse 5
CH – 8006 Zürich

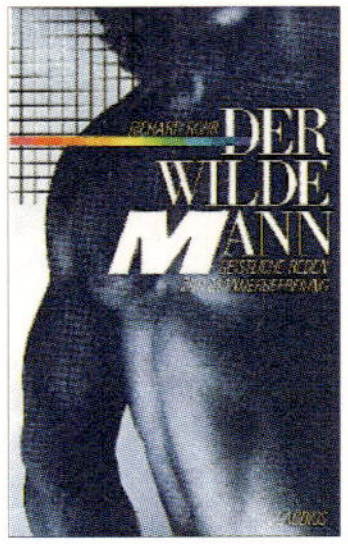

Richard Rohr
Der wilde Mann
Geistliche Reden zur Männerbefreiung

Übersetzt, bearbeitet und mit einer Vorrede versehen von Andreas Ebert, 16. Aufl., 152 S. mit s/w-Abb., Pb, DM 18,80, sFr 19,80, öS 147, ISBN 3-532-62042-1

„Der wilde Mann" ist ein ebenso engagiertes wie erfrischendes Buch, ein Plädoyer für die Freiheit von sexistischen, biographischen und gesellschaftlichen Klischees, Fixierungen und Zwängen.

Richard Riess

Richard Rohr
Von der Freiheit loszulassen – Letting go

Übersetzt und eingeleitet von Andreas Ebert, 4. Aufl., 160 S. mit s/w-Abb., Pb, DM 18,80, sFr 19,80, öS 147,–, ISBN 3-532-62108-8

Alle Spiritualität ist die Lehre vom Loslassen: Alle großen kontemplativen Lehrer führen uns in diese Richtung. Und wir Kleriker müssen endlich den Mut haben, euch auf einen eigenen spirituellen Weg zu schicken, und zwar mit allen Risiken, die für unsere Kirchensysteme darinstecken...

Richard Rohr

Richard Rohr
Andreas Ebert
Das Enneagramm
Die 9 Gesichter der Seele

20. Aufl. , 280 S. mit s/w-Abb., Pb, DM 29,80, sFr 30,80, öS 233, ISBN 3-532-62088-X

Mit 20 Auflagen das unumstrittene Standardbuch zur Einführung in die kontemplative Psychologie des Enneagramms.
Welcher der neun Typen sind Sie? Kennen Sie Ihre Fixierung und den Weg aus Ihrer Falle? Dieses Buch von Rohr und Ebert hilft Ihre Selbsterkenntnis zu vertiefen und Ihre Gottesbeziehung zu verwandeln.

NEU

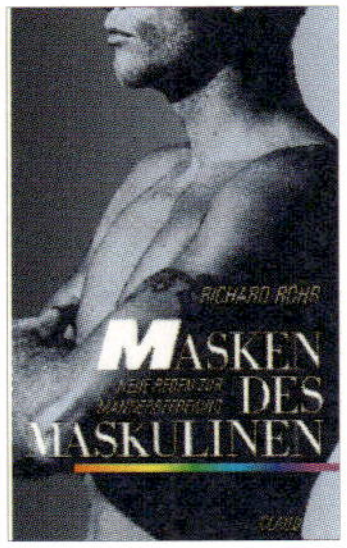

Richard Rohr
Masken des Maskulinen
Neue Reden zur Männerbefreiung

Übersetzt von Arno Kohlhoff. Herausgegeben von Andreas Ebert und Wolfram Nugel. Ca. 160 S. , Pb., DM 19,80, sFr 20,90, öS 155,–, ISBN 3-532-62158-4

Das neue Männerbuch von Richard Rohr ist eine weiterführende Lektüre für Männer, die Wege zu einer neuen Spiritualität suchen. Es ermutigt zu einer befreienden Begegnung mit sich selbst und gibt Orientierungshilfen, damit wir zu reifen und ganzen Persönlichkeiten werden.

Richard Rohr
Der nackte Gott
Plädoyers für ein Christentum aus Fleisch und Blut

Übersetzt und bearbeitet von Andreas Ebert, 7. Aufl., 176 S. mit s/w-Abb., Pb, DM 18,80, sFr 19,80, öS 147,–, ISBN 3-532-62061-8

Richard Rohr verkündet eine Theologie der Befreiung für das Abendland, ein Christentum aus Fleisch und Blut. Ein „hautnahes" Buch mit regelmäßigem und „starkem Pulsschlag."

Heinz Brockert, Sonntagsblatt

Für Richard Rohr: Himmel und Erde verbinden
Ein Lesebuch

Herausgegeben von Andreas Ebert und Patricia Brockmann. 260 S., Pb, DM 24,–, sFr 25,–, öS 187,–, ISBN 3-532-62145-2

Mit diesem Buch wollen wir Richard Rohr danken und viele Menschen teilnehmen lassen an den heilsamen Prozessen, die er ausgelöst hat.
Es ist die Antwort auf seine Einladung an uns alle, selbst Töchter und Söhne des Gottesreiches zu werden und schon auf der Erde Himmel und Erde zu verbinden.

Patricia C. Brockman und Andreas Ebert (Hrsg.)

Claudius Verlag · Birkerstraße 22 · 80636 München

Mit einem Vorwort von Richard Rohr. Übersetzt aus dem Amerikanischen von Frank Kittelberger.

210 Seiten, Pb., 14 x 22 cm, DM 29,80, sFr 30,80, öS 233,–
ISBN 3-532-62147-9

Gerald May

Sehnsucht, Sucht und Gnade

Aus der Abhängigkeit zur Freiheit

„Sucht ist alltäglich und durchdringt jedes menschliche Leben. Das menschliche Gehirn lernt und wächst, indem es Suchtmuster entwickelt, die sich nur geringfügig von denen ernsthafter Suchterkrankungen unterscheiden ... Wir werden abhängig von Meinungen, Beziehungen, Denkstrukturen und praktisch allen anderen denkbaren Verhaltensweisen und Erfahrungen. Obwohl Sucht etwas Natürliches ist, beschädigt sie die menschliche Freiheit ... und macht uns zu Sklaven unserer Zwänge. Gnade ist die Kraft der göttlichen Liebe, die uneingeschränkt in unserem Leben fließt. Sie ist die einzige Hoffnung auf wirkliche Befreiung aus dieser Gefangenschaft.“ Gerald May

Aus dem Vorwort von Richard Rohr:
Das westliche Christentum hat versäumt, auf seine alten und tiefen Traditionen der Wüsten-Spiritualität zurückzugreifen, wo Loslösung, Widerstand und das »heilige Nein« als integrale Bestandteile des Pfades zu Heiligkeit und Ganzheit angesehen wurden. Die tragischen Resultate umgeben uns von allen Seiten: eine süchtige und süchtigmachende Gesellschaft, Individuen, die Gefangene des Konsums sind und mit Hilfe von stimmungsverändernden Substanzen und Praktiken nach der eigenen Seele greifen... Wo ist der Lehrer, der uns wieder in Kontakt bringt mit jener intuitiven Praxis Jesu, der Körper berührte, Seelen heilte und zugleich auf den Geist verwies? Solch ganzheitliche und im echten Sinne judäo-christliche Lehre finden wir bei Gerald May. »Sehnsucht, Sucht und Gnade« wahrt die Freiheit der menschlichen Person und die Freiheit Gottes und hält sie in vollkommener schöpferischer Balance.